世界のビジネスエリートが身につける

教養としての占い

西洋占術実践研究家
キャリアコンサルタント
早矢
HAYA

CROSSMEDIA PUBLISHING

はじめに

占いは「肯定派」と「否定派」に分かれている

あなたは「占い」に対して、どんなイメージを持っていますか？

ひと口に占いといっても、世の中にはたくさんの占いが存在しますが、ほとんどの人は、肯定派と否定派の真っ二つに分かれるのではないでしょうか。

その代表的な意見をまとめてみると、次のようになります。

【占い肯定派】

①日常生活を楽しむためのエンタメ（娯楽）と考えている

②気軽に悩みを相談できるカウンセリングの一種と受け止めている

③迷ったときに気持ちを後押ししてくれるアドバイス・ツールと思っている

【占い否定派】

①科学的な根拠がなく、占い師も胡散臭い
②人生や運命は自分で切り拓くもので、他人に頼るべきではない
③占い師にネガティブなことを言われて、不快な思いをした

一般的な傾向として、**女性には占いを肯定的に受け止める人が多く、男性は逆に否定的に見ている人が多い**といわれています。

その違いは、男性と女性の気質の違いに理由があるようです。

女性は第三者に分析されることにあまり抵抗感がなく、占い師に「あなたはこういう人間ですね」と言われても、「**自分の知らない新たな自分を発見できた**」と素直に受け入れて、それを楽しむことができます。

女性が心理テストが好きなのも、同じ理由によるものです。

男性の場合は、他人に分析されたり、アドバイスをされることを好まず、非科学的で論理的ではないと感じるものを敬遠する傾向があるようです。

「見ず知らずの他人に指図されたくない」という、男性としてのメンツや沽券の問題も関係しているかもしれません。

男性には、占いが胡散臭く感じられて、何となく感覚的に距離を置いている……という人も多いようです。

私が本書の執筆を決めた一番の理由は、幅広い方々に占いの「本質」をお伝えすることによって、**「占いとは何か?」をきちんと理解していただくこと**にあります。

占いの本質を知らないまま、占い師の言葉を鵜呑みにしたり、思い込みや先入観だけで否定するのではなく、「占いとは何か?」をしっかりと理解して、上手に役立ててほしいと考えています。

ある意味では、占いの「トリセツ」(取扱説明書)といえるかもしれません。

占いとは、一体どんなもので、どのように向き合えばいいのか?

本書は、それを詳しく紹介することを目指しています。

大病の克服をきっかけに、占い師になることを決意

本文に入る前に、私の経歴や考え方などをお伝えしておきます。

私は、西洋占星術とタロット占いを中心に活動している占い師です。

現在は、東京・吉祥寺で占いカウンセリングサロン「インスパイア吉祥寺」を主宰して、カルチャーセンター「産経学園」で占い講座の専任講師も務めています。

子供の頃から占いや心理学的なことが大好きで、大人が読むような専門書を読んで、クラスの友達を占ったり、相談に乗ったりしていましたが、占い師になろうと思った直接のきっかけは、20歳の頃に大病を患ったことにあります。

周囲の人たちに支えられて、回復は困難とされた病気を克服できたことで、サポートされる側からサポートする側に回り、人を手助けしたり、困っている人に寄り添えるような仕事がしたい……と考えるようになったのです。

何とか無事に社会復帰した私は、都内の区役所やレコード会社、大手システム会社などで働きましたが、自分の思いと現実の競争社会とのギャップに思い悩み、悶々と

した日々が続くことになりました。

その頃に知り合った友人が占い師だったことから、占い師という仕事に興味を持ち始め、強い勧めもあって占いの専門学校に通ったり、複数の先生のもとで勉強を重ねて占い師となりました。

今から20年前の２００３年のことです。

銀座、渋谷、新宿、原宿など、計８カ所の占いの館に所属して休みなしで占いの研鑽を積み、多いときには１カ月に１５０名の鑑定をしたこともあります。

４年後の２００７年には、「困っている人に寄り添って、一人ひとりの悩みとじっくり向き合いたい」という思いを実現するために、現在のカウンセリングサロンを立ち上げました。

これまでに鑑定した方の数は、**２万２０００人を超えています**（２０２３年８月現在）。男女の比率は女性が８割で男性が２割ですが、男性の数は年を追って増える傾向にあります。

「キャリアコンサルタント」の資格を取得した理由

男性の相談者が増えている理由は、大きく分けて2つあると考えています。

一つは、私が国家資格の「**キャリアコンサルタント**」を**取得している**ことです。

私がこの資格を取得した背景には、現代の世相が深く関係しています。

占い師を始めて5年後の2008年にリーマン・ショックが起こり、それを境にして、職場の人間関係や出世、転勤、転職など、「仕事」に関する男性の相談が急増し、現在もそうした状況が続いています。

仕事の悩みというのは、収入面も含めて毎日の生活に大きく影響しますから、具体的な解決策が求められる切実な問題です。

相談者を占いで鑑定するだけでなく、もっと深く、**実践的で体系化されたアドバイスができる方法はないだろうか?**

そう考えるようになった私は、占い師の仕事を続けながら、2011年に法政大学のキャリアデザイン学部に入学しました。

ここは、「いかに人生を設計すべきか」というキャリアデザインを軸にして、心理学や経営学、文化・コミュニティ学などを横断的に学べる日本で唯一の学部です。すべての講義内容が私の求めていたものばかりですから、若い現役生に混じって猛勉強を続け、幅広い知識を貪欲に吸収していきました。

全学年1200名の中で10位以内の学生に与えられる「開かれた法政21 成績最優秀奨学生」（特待生）に3年連続で選出されたことも、私にとっては大きな自信と励みになりました。

その頃はメディアへの出演や原稿依頼も増えていましたから、大学の授業が終わったら鑑定、鑑定が終わったらレポートの作成や原稿執筆という過酷な毎日を送り、卒業と前後して専門学校にも通って、キャリアコンサルタントの資格を取得しました。

この資格を持っていることが、相談者の信頼感につながったのかもしれません。

占い師としての鑑定だけでなく、**キャリアコンサルタントとしての知識や視点を活かしたアドバイスをしている**ことが口コミやSNSで広まり、次第に男性の相談者が増えるようになったのです。

仕事に関する悩みは女性にも共通することですから、近年は働く女性の相談も急増しており、私としては非常に心苦しいのですが、「予約の取れない占い師」といわれるような毎日が続いています。

先の見えない時代――占いのニーズが高まる

男性の相談者が増えたもう一つの理由は、現代が「先の見えない時代」であることが大きく関係しているように思います。

生き方や考え方のダイバーシティ（多様化）が進み、選択の自由の幅が格段に広くなった一方で、「こう生きればいい」というロールモデル（模範）を見失って、**生きるための「指針」が定まらない人が多くなって**います。

欧米の場合は、会社内に「**メンター**」と呼ばれる制度があり、先輩社員がアドバイザーとなって、仕事や生活に関する悩みの相談に乗ったり、キャリア形成のサポートをするシステムが整っていますが、残念ながら、まだ日本の会社にはメンターという概念が浸透していません。

本来ならば、メンターに相談すべき人たちたちが、行き場がなくて私のところに駆け込んでくる……という側面もあるように感じています。

現在では、対面の鑑定だけでなく、電話鑑定やオンライン鑑定、メール・チャット鑑定など、全国どこにいても手軽に占いが受けられるような環境が整っていますから、こうした手軽さも手伝って、占いを活用する人が増えています。

現時点の**占い業界全体の市場規模は、実に1兆円に達している**といわれています。整体やマッサージといったボディケア・リフレクソロジー業界の市場規模が約1200億円で、女性に人気のエステ業界でも約3500億円規模ですから、いかに占いが人気を集めているかがわかります。

時代の変化によって人々の価値観が揺らいでいること、ネット社会になって誰もが簡単に占いにアクセスできる環境ができたことによって、今後はさらに占いのニーズが高まるのではないか……と考えています。

占いを「予言」ではなく「助言」と考えている

最近の顕著な傾向といえるのが、男女を問わず、最前線で働くビジネスパーソンの相談者が増えていることです。

東大などの一流大学を卒業した大手商社マンやメガバンクの銀行マン、大学教授、医師など、エリートと呼ばれる人たちも積極的に占いを活用しています。

学生時代から西洋占星術の本を読んでいたり、アメリカやイギリスの専門書を読み込んでいるなど、もともと占いに興味を持っている人が多いのが特徴ですが、彼ら彼女らに共通しているのは、**占いを「判断材料」の一つと考えている**ことです。

占いを「当たるも八卦、当たらぬも八卦」（当たることもあれば、当たらないこともある）と捉えるのではなく、「**自分の考え方は合っているのか？**」と答え合わせの参考にしたり、「**自分の考えが及ばない意見を知りたい**」というアングルで占いと向き合い、それをビジネスや自分の生き方に活かしているのです。

「何か新しいことを始める際は、一つの選択肢、一つの可能性を知る手がかりとして占い師に相談している」（銀行・50代男性）

「すべてを受け入れるのではなく、自分で納得のできる意見だけを参考にしている」（商社・30代男性）

「第三者の意見は意外に冷静に聞くことができる。運を味方にしたいという思いもある」（外資系金融・40代女性）

占いによる鑑定を「予言」と受け取るのではなく、客観的な「助言」と考える冷静な視点は、ビジネスパーソンに限らず、多くの人に知っていただきたい発想だと思っています。

こうした思いを真正面から受け止めることはもちろんですが、私が占いで鑑定をする際には、次のような5つの効果を生み出すことをイメージしながら、相談者の方と真摯に向き合っています。

①ありのままの自分を受け入れて「前向き」な気持ちになれる

②自分の長所や才能を自覚して「自己肯定感」が高まる
③悩みやモヤモヤを吐き出すことで「心の置き場所」ができる
④自分の生き方や考え方を改めて「振り返る」ことができる
⑤新たな発想や見方と出合うことで「転ばぬ先の杖」が得られる

古代ギリシャの哲学者ソクラテスの座右の銘「汝《なんじ》自身を知れ」ではありませんが、私は占いによって自分自身を知ることが、人が生きやすくなるための一助になると考えています。

自分でも気がつかなかった潜在的な才能や、忘れかけていた長所に気づいて、それを伸ばしていくことが、人が幸せに生きるための「コツ」だと信じています。

これが私の考える「教養としての占い」の本質です。

2023年の春には、早稲田大学の文化構想学部で西洋占星術の基礎を学ぶための授業が開講するなど、**「占いとは何か?」を知ることは、「自分とは何か?」を知るための足がかりになる**……という考え方が日本でも始まっています。

占いの効果やメリットだけでなく、問題点や注意点にも目を向けることで、占いの「意味」と「意義」を確認していただくことも本書の目的の一つです。

本書をお読みいただいて、占いを単なる「当てもの」（見えないものを言い当てる）と考えるのではなく、自分の才能や生き方に気づくための「発見ツール」として活用していただけたら、占い師の一人として、これほど嬉しいことはありません。

２０２３年８月

西洋占術実践研究家　早矢

世界のビジネスエリートが身につける
教養としての占い

CONTENTS
目次

第1章 日本人が知らない占いのパワーと活用法

第2章 成功者と占いの親密な関係

第3章

なぜ未来がわかるのか?
西洋占星術の「構造」を読み解く

第４章
この悩みはこの占いで解決！ 占いの4分類

第5章

占い師を選ぶ際の7つのチェックポイント

第1章

日本人が知らない占いのパワーと活用法

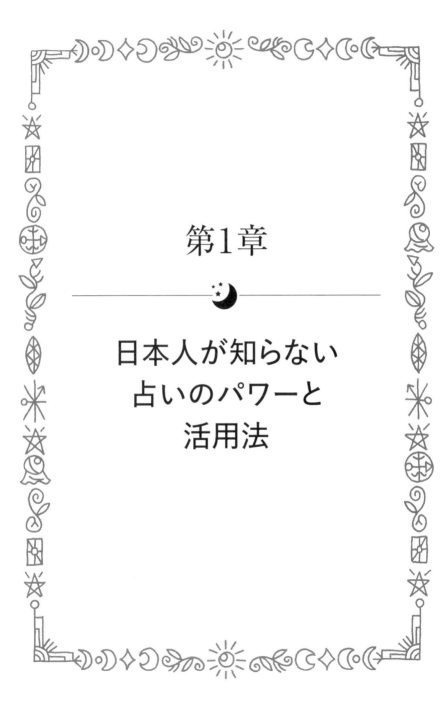

占いを通じて「自分の知らない自分」と出会う

これまでに占いを受けたことがない人にとっては、占いの鑑定そのものが、すでに「謎」だと思います。

日常的に目にする占いといえば、テレビのワイドショー番組の「12星座占い」や、雑誌の占いコーナーなどが代表的ですが、**これらは放送時間や掲載スペースに制限がある簡略版**ですから、エンタメ的な要素が強く、個人を占うものではありません。

駅前やデパートの片隅などで、15分3000円くらいで営業している占い師を見かけることもあるでしょうが、こちらも大幅に時間を短縮した簡易バージョンと考える必要があります。

私が相談者を鑑定する際は、最短でも1時間以上はかかります。

西洋占星術では、**人間の誕生も地球上の現象の一つ**と考えられているため、まず最初に相談者のホロスコープ(天体の配置図)を作成します。

ホロスコープとは、太陽系における星の配置を図表にしたもので、相談者が誕生した場所(出生地)や生まれた時刻をもとに、「ネイタル・ホロスコープ」(出生図)を作り、それを読み込むことを「ホロスコープ・リーディング」といいます。

これが鑑定の第一歩であり、この読み込みに多くの時間が必要なのです。

詳しくは第3章でお伝えしますが、西洋占星術では、現在のリアルタイムの天空の星配置と、ネイタル・ホロスコープとのシンクロを複合的なアングルで読み込むことで、**相談者の「運勢」を割り出しています。**

このホロスコープ・リーディングによって、相談者についてのさまざまな特性を読み取ることができます。

相談者が初回の場合は、次のようなポイントを読み込むことで、「汝自身を知る」ための材料を幅広くお伝えすることから始めています。

①生まれながらの性格や気質、考え方
②持って生まれた才能(それを活かせる場所、活かし方)

③適性や適職、やる気の方向性
④恋愛パターン、人間関係の構築パターン
⑤価値観、楽しみ方、リラックス法、ストレス発散法

自分の性格や才能、長所や短所など、これまで気づかなかったり、自覚があっても曖昧だった部分を知ることが、自分自身を冷静に見つめ直すきっかけになります。

「自分が思っていた自分」と「生まれながらの自分」の間には、多かれ少なかれ、「ズレ」が生じているものです。

そのズレの存在をハッキリと認識することが、「自分の知らなかった自分」に出会うということです。

「自分の知らなかった自分」と出会うことで、現在の自分の在り方や考え方を改めて客観視することができます。

「自分は無理しているみたいだな」と気づいたら、軌道修正の道筋を考え始めることができます。

「自分は今のままでいいんだ」と感じるならば、それが自信につながって、自己肯定感を高めることができます。

これが、「汝自身を知る」ことの「意味」と「意義」となります。

前向きに生きるための「材料」を提供してくれる

出生図を読み込むことによって、生まれながらの性格や才能、考え方の傾向などを知ることができても、それですべてのことが決まるわけではありません。

大切なのは、それを知った後の行動や考え方です。

自分の持って生まれた性格や才能を知り、それをポジティブに受け取ってプラスの方向に活かすか、ネガティブに受け取ってマイナスの方向に考えてしまうかは、本人の「意識」と「意志」に委ねられています。

占いとは、自分の生き方を断定したり、決めつけるものではなく、**この先の人生を前向きに生きるための「判断材料」を提供してくれるツール**と考える必要があります。

性格や才能だけでなく、「**運勢**」についても同じことがいえます。

運勢とは、このままの状態が続けば、次はこうなりますよ……という方向性を示しているだけですから、自分の考え方や行動によって、どのようにでも変えていくことができます。

この点が、「運命」と「運勢」の決定的な違いです。

多くの人が、運命と運勢を混同して考えていますが、この2つの間には大きな違いがあります。

運命とは、「人が生まれたときから定められている人生の流れ」を意味しており、自分の意思や努力では変えることができません。

これに対して、運勢は「運の勢い」の言葉通り、常に一定ではなく、その日の星の配置や周囲の状況、本人の考え方や行動などによって大きく変化します。

占いは、運命ではなく、運勢を読んでいますから、**鑑定の結果に必要以上に一喜一憂する必要はない**のです。

占い師に、「このビジネスの成功は難しい」といわれて、そのまま何もしなければ、本当に失敗を待つだけの状態になります。

「このままでは幸せになれない」といわれて諦めていたのでは、いつまで経っても幸せになることはできません。

占いの結果を起点として、「どうすればビジネスを成功させられるのか？」とか、「どのように動けば幸せになれるのか？」とポジティブに考え始めることができれば、自分の運勢を変られるだけでなく、自分らしく毎日を生きるための最良の選択ができることになります。

それを発見するための手段として、占いを活用してほしいと考えています。

迷ったときに「選択の指針」を与えてくれる

日頃から占いと接点がある人であれば、悩みごとの相談窓口であったり、ストレス発散や気分を上げるためのツールとして、それぞれ独自のスタンスで活用されていると思います。

そのどれもが占いの持つポテンシャルの一つですが、私は少し違うアングルから占いを見つめています。

占いとは、迷ったときに「選択の指針」を与えてくれるもの……という考え方です。

私たちの日常は、**「選択」と「決断」の連続**です。

仕事でもプライベートでも、常に「AとBのどちらを選ぶか？」を決断する必要に迫られ、たくさんの選択肢の中から、どれか一つを選び抜くことも珍しくありません。

見方によっては、生きることのすべてが、「何を選ぶか？」とか、「どのルートを選ぶか？」の繰り返しと考えることができます。

選択や決断の局面を迎えると、私たちは自分の経験値や知識、情報などを総動員して判断を下すことになりますが、**すぐに決断できるものばかりとは限りません。**

「Aがいいと思うけど、Bの可能性も捨てきれない」

「何となくAのような気がするが、自信が持てない」

思考の迷路にハマり込むと、気持ちが暗くなり、憂鬱な気分になります。

これが「悩み」や「不安」、「ストレス」の原因となるのです。

自分では答えが出せない問題に直面したら、あなたはどうしていますか？

最も賢明な方法は、「経験値が高い頼れる人」に相談を持ちかけることでしょうが、そんな人が必ずしも身近にいるとは限りません。

相手が信頼できる人であっても、あるいは信頼できる人だからこそ、知られたくないとか、話したくないタイプの相談だったりすることもあります。

老若男女を問わず、占いを上手に活用している人は、**こうした場面で占いにアクセスしているの**です。

判断の「手がかり」や考え方の「ヒント」を得る

例えば、相談者がAとBとCという3つの選択肢で悩んでいるならば、私はタロットカードを使って、3パターンの行く末を占うようにしています。

「Aを選ぶ場合は、こんな結果になり、Bを選ぶならば、こうなります。仮にCを選んだならば、このようになります……」

3つの選択肢に対する3通りの展開を示すだけでなく、それぞれのメリットやデメリット、そのデメリットに遭遇した際の対処法など、**できる限りたくさんの判断材料をお伝えする**ことを心がけています。

こちらから一方的に伝えるだけでなく、話を聞いている途中で疑問や不安に感じることなどを相談者に積極的に質問していただき、3つの選択肢についての考え方を深めていきます。

私のところでは、**鑑定中の録音やメモもすべてOK**にしています。

記録が残ることを敬遠する占い師も少なくないようですが、私の場合は、お伝えする情報量が多いため、一度聞いただけでは忘れてしまうこともあるからです。

こうしたプロセスを重ねていくことで、相談者の考えがまとまったり、迷いが消えるまで話し合いを続けますが、その場で最終的な決断をする必要はありません。

ゆっくりと時間をかけて、相談者本人が自分で決めればいいのです。

占いを活用する際の最も大事なポイントは、占い師が出した答えを「結論」や「正解」と考えるのではなく、あくまで**「新たな選択肢」と受け止める**ことです。

占い師の言葉を鵜呑みにしたり、すべての判断を占いに委ねるのではなく、**「自分では思いつかなかった選択肢の一つ」**と考えることができれば、広い視野、高い視座に立って物事を判断することが可能になります。

私は占いの「役割」は、次の3つにあると考えています。

①選択に迷ったとき、判断の「手がかり」や考え方の「ヒント」が得られる
②ぼんやりとしていたことがリアルに理解できるようになる
③自分の判断に対して、背中を押してくれる

占い師の言葉に一喜一憂したり、振り回されるのではなく、それを「参考意見」と受け止めて、最後は自分自身の判断で結論を出す……。

その「きっかけ」を作るツールとして、占いを活用してほしいと考えています。

ビジネスに役立つ占いの6つの効果

占いの目的は、これまでと違う角度から自分を見つめることによって、新たなポテンシャルに気づき、自己肯定感を高めたり、気持ちを前向きにすることにありますが、そうした効果は、仕事との上手な向き合い方にも役立ちます。

仕事も「選択」と「決断」の連続ですから、常に不安と隣り合わせですが、そこに人間関係が複雑に関係しているため、ひとたび悩み始めるとドロ沼にはまり込んだような状態になって、そこから抜け出すことが難しくなります。

仕事上のどのようなことで、占いを活用すればいいのか？

占い師としてだけでなく、キャリアコンサルタントの視点から考えてみると、次のような6つの局面で占いの効果が期待できると思います。

【効果①】現在の仕事は「自分の適職なのか？」を知る

「今の仕事は自分に合っているのか？」

「もっと他に適職があるのではないか？」

仕事上のトラブルが続いたり、思うような成果が出せないときほど、こうした思いが湧き上がります。

それは若い世代に限ったことではなく、追われるように忙しい毎日を送っていると、いくつになっても、いくらキャリアを重ねても、**自分の「適性」や「適職」が気になる**のです。

自分に問題があるのか、職場や会社、職種が合っていないのか……と悩み始めると、自信を持って仕事に取り組むことができず、モチベーションの低下を引き起こすことになります。

占いによって適職とわかれば、「やっぱり自分の選択は間違っていなかったな」と確信を持てます。結果次第では、占いが転職の決意を後押ししてくれることになります。

自分の適性や適職を知ることは、心の安定だけでなく、前向きな気持ちを手に入れることにつながります。

【効果②】上司や部下との円滑なコミュニケーションのヒントを得る

職場の悩みで最も多いのが、上司や部下との「意思の疎通」の問題です。

会社という組織で働いている限り、周囲と円滑なコミュニケーションを図ることは最優先の大事な課題となります。

自分の上司や部下が、どんな考え方の持ち主で、どんな気質なのかを把握することができれば、意思の疎通がスムーズになります。

例えば、**苦手な上司との相性を詳細にリーディングする**ことによって、その人となりだけでなく、「どんな価値観を持っているか?」、「どんな人間関係や距離感を求める人なのか?」、「どんな言葉が刺さる人なのか?」、「運勢的にはどんな流れになり、自分にどのような影響があるのか?」を知ることができます。

価値観の合うところと、合わないところを把握することは、**いい関係を構築するための手がかり**となります。

自分との相性と照らし合わせて考えれば、効果的で無理のないコミュニケーションのヒントが得られます。

相談者の悩みの多くは「人間関係」に原因がありますから、自然体でストレスのないコミュニケーションを図るためのアドバイスは不可欠だと考えています。

【効果③】苦手な人との上手な付き合い方を見つける

会社の内外を問わず、苦手な人は誰にでもいるものです。

いくら苦手であっても、仕事の付き合いであれば避けて通ることはできません。**相手の性格や気質を理解して対策を立てる**ことができれば、無用なトラブルを未然に防ぐことができます。

占いを通して相手を知り、己を知ることによって、自然で無理のない付き合い方のヒントが見えてきます。

【効果④】チームを効率的に回すポイントを理解する

現代のビジネスはチーム戦が基本ですから、チームがうまく機能しなければ、仕事で成果を上げることは難しくなります。

チームリーダーをしている人は、**チームが効率的に回るための人間関係のバランス**

や、組織としての問題点、改善点などを知るために占いを利用しています。

チーム単位の働き方には、メンバー個々の特性が大きく影響しますから、多くの人が他のメンバーとの上手な付き合い方を知りたがる傾向にあります。

【効果⑤】「転職すべきか？ このまま会社に残るか？」を考える

会社に不平や不満がある場合は、我慢してそのまま会社に残るか、勇気を出して別の会社に移るかの二者択一となります。

会社に残った場合、この先の展望はどうか？

転職をしたら、次の会社ではどんなことが待っているのか？

どんなに考えても答えが出ないことで悩んでいるならば、占いを利用して選択肢の幅を広げ、最善の方法を検討することが解決の近道となります。

【効果⑥】「チャンス」と「ピンチ」を見極める

仕事上の判断は、それがチャンスを呼び込むのか、逆にピンチを招くのか、常に不安がつきまといます。

その判断は、自分が責任を負うだけでは済まないような大事な局面で下すことも珍しくありませんから、深刻に悩んでしまうのも無理はありません。

自分の判断は正しいのか、何か別の選択はないのかなど、思考の迷路に迷い込む前に、占いを活用して可能性を探ってみるのもいいと思います。

現代のビジネスパーソンは何を悩んでいるのか？

最前線で働く人たちは、どんなことに悩み、何を不安に感じているのか？

それをお伝えすることで、現代のビジネスパーソンが、「占いに何を求めているのか？」の一端がご理解いただけると思います。

私のところに持ち込まれる相談内容は多種多様ですが、**「仕事」と「恋愛」に関することが圧倒的に多い**傾向にあります。

この２つに共通するのは、**どちらも「人間関係」の問題**ということです。

人間関係の悩みは、男性と女性、年齢やキャリアなどによって大きく異なります。

そこに、「先の見えない時代」という現代の世相も反映されて、働き方改革に関することや、「そもそも、今の仕事を続けていて本当に大丈夫なのか？」など、現代のビジネスパーソンが一筋縄ではいかない複雑な問題に直面していることがわかります。

主な相談内容をまとめると、次のようになります。

【男性編】最も多いのは「転職」に関する相談

相談内容①昇進・昇給・転職・起業

- **転職のタイミングは？**
- **スカウトを受けるべきか？**
- **起業したら、どうなるか？**
- **この先、昇進できるのか？**
- **給料は上がっていくのか？**

男性の相談者の多くは、30代から50代を中心とした「働き盛り」の人たちですから、一番の心配はこの先の昇進や昇給ですが、日本経済の長期低迷を反映しているのか、ここ数年は、「転職」に関する相談が増え続けています。

「このまま会社に残るべきか、辞めるならいつがいいか？」

「転職のタイミングは？　自分に向いている職種は何か？」

こうした相談については、**ホロスコープ・リーディングによって運勢を読み解き、ご本人の適性にマッチしたアドバイス**をお伝えしています。

最近はネットやSNSを使ったスカウト・ビジネスが流行していますから、エリート層や仕事ができる人には多くの誘いがあり、「このスカウトに乗るべきだろうか？」という相談も多くなっています。

相談内容②人間関係

- **職場のパワハラの対処法は？**
- **苦手な上司との付き合い方は？**
- **仕事のパートナーとの相性は？**
- **派閥争いで、どちらにつくか？**

働き方改革の浸透にしたがって、これまで我慢してきた上司のパワハラや、ブラック企業的な体質に対する不満や悩みが増えているのが最近の特徴です。

「気の合わない上司と、どう向き合っていけばいいのか？」

働く男性にとって、これが一番の悩みのタネとなっているようです。

大企業のエリートに多いのが、社内の派閥争いに直面して、「**誰についていけば、自分の将来が開けるのか？**」という相談です。

こうした相談には、次期社長候補の方々の生年月日をお聞きして、星配置からその人の資質、性格を読み解きながら、「どなたがトップになるのか？」、「それによって会社の命運はどうなるか？」、「今後は、どのように接していけばいいのか？」などをお伝えしています。

国家公務員のキャリア官僚であれば、過酷な出世争いに身を置いているため、「誰を蹴落とせばいいか？」という露骨な相談をする方がほとんどです。

これらは、今も昔も変わらない永遠の課題の一つといえます。

相談内容③ビジネス関係
・プロジェクトは上手くいくのか？
・向こう1年間の流れはどうか？
・事業拡大の時期はいつか？

会社経営者や自営業の方は、新たに立ち上げるプロジェクトの行く末や、会社の今後の動向について相談される方が大半です。

「**今は内部拡張に注力する時期なのか？**」とか、「**今年は事業拡大に向けて動くべきか？**」など、ビジネスの行く末を考える際の参考意見を求めています。


会社トップの運勢は、そのまま会社の運勢となりますが、相談内容によってはトップと切り離して、会社だけを占うこともあります。

その会社の創立日や登記日、オープン日の星の配置図が会社の「出生図」となり、人間の性格や才能と同じように、会社の性格や特色、どのように持ち味を活かすか……などを知ることができます。

【女性編】「結婚」や「出産」のタイミングが悩みのタネ

相談内容①ビジネス関係

・出世に影響しない結婚や出産の時期は？
・子育てと仕事を両立するには？
・派遣の契約を更新すべきか？

仕事を持つ女性の相談者は、20代から50代前半までと幅広く、独身者は結婚のタイミング、既婚者は出産の時期、お子さんがいる方は子育てと仕事の両立など、自分の置かれた状況によって、相談内容は多岐にわたります。

その両方に共通する相談としては、**「夫や彼氏は将来的に出世するか？」**が圧倒的に多いと思います。

最近の傾向としては、キャリア志向の強い女性が多くなり、結婚後も仕事を続けたいと考えている人が増えていることがあげられます。

「自分のやりたいことを実現するためには、それなりのポジションを手に入れる必要がある」という意味での出世欲は、男性より強いかもしれません。

もう一つの特徴は、**派遣で働く女性の相談が多くなっている**ことです。派遣社員に対する冷遇への対処法や、「正社員として採用されるチャンスが少ない」という現状にどう立ち向かうかなど、切実な問題が増えています。

相談内容②転職・起業

- **今の会社にいるべきか、転職するか？**
- **副業を始めたい**
- **起業は自分に向いているか？**
- **起業後の業績はどうなるか？**

女性の「転職」の相談が多くなっているのは、彼女たちのキャリア志向の高まりを反映していると思います。

転職の理由を聞いてみると、10年前であれば会社や上司に対する不満が大半を占めていましたが、最近では、「**自己実現**」がキーワードになっています。

今の会社から「逃げる」のではなく、前向きに「攻める」ための選択を考えている人が多いと感じています。

最近では、自分のスキルや趣味を活かして「起業」を検討している独立心の旺盛な女性も増えており、「自分は起業に向いているか?」とか、「起業するならば、いつ頃がいいか?」という相談も多くなっています。

相談内容③人間関係
・上司のパワハラ、モラハラの対処法は?
・同僚からのいじめ、嫉妬の対応策は?

これは今に始まったことではありませんが、男性の場合と同じく、職場の人間関係に悩んで相談に訪れる女性は圧倒的に多い傾向にあります。

最近の傾向としては、女性の管理職が増えてきたことで、**女性上司からのパワハラやモラハラに悩む**ケースも出ています。

女性上司と女性の部下との人間関係の問題は、新しい課題として注意深く研究していく必要があると考えています。

「絶対に大丈夫」という占い師を信じてはいけない

相談者の悩みは、どれか一つだけというケースはほとんどなく、多くの問題が複雑に入り組んでいるのが一般的ですから、それを一気に解決できるような「最適解」というのは、実は存在しません。

占い師によっては、「**こうすれば絶対に大丈夫**」と断定的に自分の意見を押し付ける人もいますが、私はそれを「**傲慢**」な**鑑定**と考えています。

出口の見えない深刻な問題を抱えていると、断定的な意見ほど「心強さ」を感じるかもしれませんが、人の悩みというのは、それほど単純なものではありません。

逆の見方をすれば、すべての悩みを解決できるような最適解がないからこそ、人は悩み続けているのだと思います。

「当たるも八卦、当たらぬも八卦」といわれるような、ある意味では「運任せ」的な要素も占いの楽しみ方ではありますが、それだけで終わらせてしまうのでは、いつまで経ってもモヤモヤした気持ちを晴らすことはできません。

私としては、占い師の意見を**「判断材料」の一つ**として考えるような客観的で冷静な視点を持つだけでなく、**気持ちを前向きにするためのツールとして使う**……という明確な目的意識を持って、占いを活用してほしいと思っています。

占いとは「天気予報のようなもの」と考える

占いを上手に使って気持ちを前向きにするためには、どのように占いと向き合えばいいのか？

私としては、**「天気予報」を見るときと同じような視線で、占いと接するのがいい**と思っています。

占いと天気予報とは、無関係な別モノのように思えますが、意外な共通点があるため、「占いとは、天気予報のようなもの」と考えることができるのです。

天気予報は、気象衛星などが集めた現在の観測データを、過去の膨大なデータと照らし合わせて予報を出しますが、最終的に明日の天気を判断するのは気象予報士という一人の人間です。

占いも同じで、目の前の相談者を根拠となる理論や過去の蓄積データに当てはめて鑑定をしますが、最終的な判断は一人の占い師に委ねられています。

ご存知のように、**天気予報は当たることもあれば、外れることもあります。**

占いの場合も、これとまったく同じことがいえます。

天気予報にはまだ解明されていない分野が数多くあるように、占いにも未解明な部分がたくさんありますから、**どちらも「100％正しい」ということはありえません。**

当然のことながら、判断を下している気象予報士や占い師のスキルも大きく関係していますが、この問題については後の第5章で詳しくお伝えします。

テレビやネットで天気予報を見なくても、人は生きていくことができますが、明日は雨が降るとか、数日後には台風の可能性があるとわかれば、事前に準備を整えたり、予定していた計画を見直すことができます。

「天気予報は外れる可能性があるから見ない」と決めつけるのではなく、**「自分では想像できない今後の可能性を知る」**という意識を持つことができれば、不測の事態に備えたり、平穏を保つための心の準備が可能になります。

「備えあれば憂いなし」の言葉通り、あらかじめ準備をしておくことで、何かコトが起こっても不安に陥ることなく、前向きに対処することができるのです。

占いとは、天気予報のようなもの……と考えれば、占いを有効に活用するための方向性が自然と見えてくるように思います。

占いを上手に活用するための5つのポイント

占いの相談者には、「自分に自信が持てなくなっている人」や、「自分がわからなくなっている人」が多いように感じています。

どちらにも共通するのは、**「自己肯定感」が低くなっている**ことです。

悩みや不安を抱えていると、どうしても物事をネガティブに考えるようになり、あらゆることが心配になって、自己肯定感を高めることができないのです。

私が相談者と向き合う際には、たくさんの会話を通して、お互いに信頼関係を築き、心理学でいう「ラポール」を作ることを目指しています。

ラポールとは、お互いの心が通じ合い、穏やかな気持ちで、リラックスして相手の言葉を受け入れられる関係性を指します。

リラックスした状態で話をしていると、次第に自分が抱えている問題の本質が見えてくるようになり、ご自身の中で解決策を見い出すことができます。

自分の考えで解決策にたどり着くことは、自信を回復することにつながり、それが自己肯定感を高めることになります。

それをサポートすることも、占い師の大事な役割だと思っています。

私が考える占いの上手な活用法は、次のような5つとなります。

【活用法①】自分自身を振り返って「内省」の機会を得る

生まれ持った性格や気質を知ることで、現在の自分を客観的に見つめて内省することができます。

内省とは、自分の考え方や発言、行動について深く省《かえり》みることです。

さまざまな問題が複合的に山積みになると、どうしても自分を見失ってしまいます。改めて自分自身を振り返ることで、**不安材料の核心が見えてくる**こともあります。

【活用法②】人との向き合い方の「ヒント」を得る

会社の上司や同僚、後輩、自分のパートナーや両親、子供など、どんな相手であっても、人間関係を良好に保つコツは、**「相手の性格を知って、それを受け入れる」**ことにあります。

自分から見た相手の性格と、相手の生まれ持った性格は異なりますから、占いを通してそれを認識することが、人との向き合い方の大きな「ヒント」になります。

【活用法③】行き場のない「モヤモヤ」した気持ちを晴らす

誰にも言えない悩み、言っても拒絶されたり、一蹴されるような悩みを抱えていると、不安やストレスで押しつぶされそうな気持ちになるものです。

利害関係のない占い師が相手であれば、そうした悩みも気がねなく話せます。

人に話せるだけでも気持ちの「ガス抜き」ができますが、それを全面的に受容され、共感してもらえて、アドバイスまでもらえれば、モヤモヤを一掃することができます。

心の中にあるモヤモヤなどのネガティブな感情を解放して、気持ちをスッキリさせることを、心理学では「カタルシス効果」といいます。

ネガティブな感情は、無理に抑え込もうとすると強いストレスになりますが、それを吐き出すことで、ストレスが緩和されて、気持ちが軽くなります。

【活用法④】「心の置き場所」を得て、前向きな気持ちになる

直面している悩みが、「今後、どうなっていくのか？」を知ることは、不安の軽減につながります。

この先、いい方向に向かうならば、平常心を取り戻すことができます。

ダメならダメで、気持ちにケリをつけて、「これからどうすべきか？」という具体的なアドバイスに耳を傾けることができます。

一時的であっても、**「心の置き場所」を得られることで、気持ちが前向き**になります。

【活用法⑤】今後の「ライフプラン」の設計に役立てる

これは男性からの依頼が多いのですが、「自分のライフプランを設計するために、**1年ごとに10年先までの自分の運勢を知っておく**」ことも、有効な占いの利用法です。

いい運勢であれば、この先も心穏やかに安心して過ごすことができます。

思ったような運勢でなければ、それを「転ばぬ先の杖」と考えて、対処法を考え始めるきっかけになります。

どちらであっても、前向きに自分の人生と向き合うことができるのです。

困難な状況が「いつ終わるのか？」を知る

占いが持つもう一つの大きな効果は、直面している**悩みの「期限」を知ることによっ**

て、問題解決の出口がイメージできることです。

仕事上のトラブルが続いたり、上司のパワハラなどに見舞われていると、「この状態は、一体いつまで続くのか？」と不安になり、人によっては、「**一生このまま、何も変わらないかもしれない**」と考えて、絶望的な気持ちになってしまいます。

最近、目立って増えているのは、「この忙しさはいつまで続くのだろう？ このままでは身体を壊す前に、メンタルをやられてしまう」という切実な相談です。

「転職をすれば解決する」と思うかもしれませんが、経済的なことも含めて、人にはそれぞれ抱えている事情があります。

簡単に転職に踏み切れないからこそ、無理をしてしまう人が多いのです。

この厳しい状態は、いつになったら終わるのか？

一応の目処《めど》を知ることができれば、「そこまで頑張れば、少しは楽になるんだな」と思えて、気持ちが楽になります。

ゴールが見えないまま全力疾走を続けることほど、過酷なことはありません。

心と身体にダメージを与えるだけでなく、仕事に対するモチベーションや意欲にも大きな影響が出てしまいます。

西洋占星術では、ホロスコープで天体の動きを読み解くことによって、**「運気」の流れを知る**ことができます。

目が回るほど仕事が忙しく、もう少しで倒れそうだが、上司のパワハラに悩んでおり、妻との関係もギクシャクしている……という男性の場合、**めったにないような「キツい星」の影響が来てるケースがほとんど**です。

私たち占い師は、その星の動きから、現在の厳しい状態が、「この先、どのように展開していくのか？」を読み解いていきます。

私は、その星の特徴を説明することから始めて、今後の動きをできるだけ具体的にお伝えすることを心がけています。

「この状況から、近いうちに抜け出せますよ」ではなく、**「2024年の5月には抜け出せます」**と明確に時期をお伝えしています。

ホロスコープ・リーディングのスキルによっては、時期を曖昧にする占い師もいると思いますが、私の場合は可能な限り詳細に読み解くことを意識しています。

「2024年の5月には今の状態から抜け出して、こんな状況に変わっています」

現在の困難な状態から抜け出す時期だけでなく、新たに迎える次の状況についても、可能な限り克明にお伝えしています。

もう一つ心がけているのは、**今の状況が変わるまでの期間を、「どのように過ごせばいいのか？」について、詳細なアドバイスをする**ことです。

ここまで踏み込まなければ、「相談者は心穏やかに日常生活を送れないだろう」と考えているからです。

「占い」と「カウンセリング」の分岐点

ここまでお読みいただいて、「占いとは、こんなところまでアドバイスをしてくれるのか？」と感じた方も多いかもしれません。

その疑問について、ここで説明しておく必要があると思います。

何か困難な問題に直面しているとき、「いつになったら、この状態から抜け出せるのか?」とか、「そこから抜け出したら、次はどんな状況になるのか?」を読み解くのが占いです。

それに対して、「その間、どう過ごせばいいのか?」という助言は、影響している天体のポジティブな側面や、星配置から読み取れる性格や気質などから、実生活ですぐに実践できるようなアドバイスをお伝えしていますが、**私の場合はキャリアコンサルタントの視点からのアドバイスも付け加える**ように努めています。

占いとカウンセリングのハイブリッドを心がけているのです。

直面している状況から抜け出すまでに、半年とか1年が必要となった場合、相談者はそれまでの長い時間をひたすら我慢して、耐え続けることになります。

いくら抜け出せる時期がわかったとしても、それだけでは前向きな気持ちで毎日を過ごすことは難しいものです。

私がキャリアコンサルタントの資格を取得したり、心理学やコミュニケーション学を学んできた理由はここにあります。

占いでは補い切れない領域をカウンセリングでカバーしたり、カウンセリングでは踏み込めない領域を占いで補完することによって、**実践的で役立つ情報を相談者の方々に提供したい**……と考えたからです。

占いというと、占い師が一方的に相談者に語りかけるイメージが強いかもしれませんが、私の場合はカウンセリングの手法を取り入れていますから、相談者の話にじっくりと耳を傾けることを重視しています。

その意味では、他の占い師とは少しアプローチ法が異なっていると思います。

現在の日本のカウンセリングは、アメリカの臨床心理学者カール・ロジャースが提唱した「**クライエント**（**来談者**）**中心療法**」が主流になっており、私も積極的にそれを使っています。

クライエント中心療法とは、相談者の考え方や感じ方に共感を示しながら話を聞き、相談者自身の気づきを促すことによって、問題の解決を目指す……というカウンセリングの手法です。

人は「**自己認識**」（**理想的自己**）**と**「**現実**」（**現実的自己**）**のギャップが大きくなると、精神的に不安定な状態に陥りやすい**と考えられています。

クライエント中心療法は、そのギャップに本人が気づくよう促して、それを解消していくことを目的としたカウンセリングのアプローチ法といえます。

何か悩みを抱えていると、それを誰かに打ち明けたり、話を聞いてもらうだけでも、気持ちが安定してくるものです。

私の場合は、「相談者が話す」→「それを受け入れて、別の視点を一緒に考える」→「問題点を整理して、考え方を深める」→「自己解決の道筋が見えてくる」というルートを意識しながら、相談者との緊密なコミュニケーションを目指しています。

占いによって見えてきた方向性を、カウンセリングによって具体化していく……と言い換えてもいいかもしれません。

仕事などに関するカウンセリングの場合、一般的には4~5回はセッションを繰り返さないと相談者は胸の内を明かしてくれませんが、最初に占いによって、「あなたの性格はこうですよ」とか、「もとから持っている才能はこうですよ」とお伝えすると、「何も話していないのに、自分のことを理解している」と受け取ってもらえるため、急速に距離が縮まって、ラポールを作りやすくなるように思います。

相談者が安心して話ができる状況ができれば、それだけ早く問題解決の道筋を見つけ出すことにつながります。

これもまた、**「占い」+「カウンセリング」の相乗効果の一つ**といえます。

よくない情報は遠回しに伝える

私が相談者と向き合う際に注意しているのは、「ネガティブな情報」とか、「否定的な意見」をあまり前面に出さないようにすることです。

深刻な悩みを抱えている人であれば、ほとんどは運気が悪い状況になっていますが、**それをストレートにお伝えしたところで、何の解決にもなりません。**

「運気が悪い」という情報が潜在意識に刷り込まれてしまうと、前向きな気持ちになれないだけでなく、自分の頭で考えたり、的確な判断を下すことができなくなってしまうのです。

私としては、あまり良くない情報はできるだけオブラートに包んで、遠回しにお伝えすることを意識しています。

大事なポイントは、その3倍くらいのエネルギーを注いで、**「では、どうすればそれを回避できるのか？」という対策に力点を置いて、わかりやすく説明する**ことだと思っています。

例えば、男女共に相談が増えている「転職」について占う場合、「運気的に会社を変わってもいい」とか、「変わった方がむしろ良くなる」と出ているならば、その通りにお伝えしています。

転職をしても、「何も変わらない」とか、「転職先の会社で、もっと大変なことが待ち受けている」……と出た場合には、「これからできることは何か？」について、じっくりと話し合うことにしています。

・先輩や同僚に相談することはできますか？

・上司と改めて話し合うことはできませんか?
・人事部などに異動願いを申し出ることはできませんか?
・現在の職場で働き続けることは、どうしてもできませんか?
・今の会社を辞めて、後悔することはありませんか?

こうした問いかけは、仮に「会社を変わった方がいい」と出た場合でも、相談者に投げかけて、冷静に判断することをおすすめしています。

いくら占いで転職を推奨する結果が出たとしても、キャリアカウンセリングの観点で考えると、簡単に会社を辞めたり、コロコロと転職することが、必ずしも最良の選択とはいえません。

相談内容によっては、**上司の考え方や方向性を占ったり、相談者との相性を見るなど、可能な限り多面的に検討してみる**必要があるのです。

占いを起点として、現在の自分の在り方を客観的に見つめ直すことが大事であり、**そのための判断材料をできるだけ多く提供する**ことが、占い師としての私の役目だと考えています。

占いにすべてを委ねてしまうのではなく、自分の頭で考えて、ご自身で冷静に判断することが、何よりも大切なことなのです。

占いをビジネスに活かす際の5つの注意点

占いを日常の仕事に役立てるためには、客観的な視点に立って、適切な距離感を持つ必要があります。

占いの結果に必要以上に頼り切ったり、それに振り回されてしまったのでは、結果的に判断を誤ることになります。

どのようなスタンスで占いと向き合えばいいのか？

本章の最後に、注意すべき5つのポイントをお伝えします。

【注意点①】占いで「いい結果」が出ても油断しない

占いによって得られる方向性は「予言」や「予知」ではなく、あくまでも「助言」であり、

「アドバイス」の一つです。

仮に、自分が望んでいるような「いい結果」が得られたとしても、それに舞い上がって思考を停止させてしまったり、アドバイスを実行に移さなければ、状況は何も変わらなくなってしまいます。

占いは**現時点で想定される「未来予想図」**であり、それを実現できるか否かは相談者本人の考え方と行動にかかっています。

いい結果に満足するのではなく、それをモチベーションを上げるための「好材料」くらいに考える必要があります。

【注意点②】悪い結果は「注意喚起」と受け止める

占いのいい結果に舞い上がらないのと同じく、それが仮に悪い結果だったとしても、絶望したり、落ち込んだりする必要はありません。

現時点で望んでいるような結果でなくても、前を向いて歩みを進めていけば、状況はどのようにでも変わっていきます。

大事なポイントは、どのような結果であっても一喜一憂せず、**それを「注意喚起」と**

受け止めてポジティブな気持ちで行動することです。

悪い結果に気落ちして何も行動に移さなければ、本当に悪い方向に進むことになってしまいます。

【注意点③】占いで示された選択肢に頼り切らない

占いによって得られた選択肢は、あくまで判断材料の一つです。

それに頼り切るのではなく、他の選択肢も視野に入れて考えることによって、問題の解決や解消に近づくことができます。

失敗を恐れるあまり、**選択を占いに丸投げすることは賢明な判断とはいえません。**

【注意点④】「最終判断」を占いに委ねない

最終的な判断を下すのは、占いの結果ではなく、相談者ご自身です。

占いの結果は、あくまで「選択の指針」であり、「選択肢の一つ」ですから、それを結論として考えるのではなく、占いの結果を起点にして、「どうすれば、うまくいくのか？」を**ご自身で最終判断することが重要**です。

占いの結果に振り回されるのではなく、それを上手に活用するという客観的な視点を見失わないようにしてほしいと思います。

【注意点⑤】必要以上に占いに「依存」しない

占いを上手に活用するためには、適度な距離感を保つことが大切です。

どんなことでも占いに判断を委ねてしまう人の多くは、自分で考えることを放棄して、自ら行動することを恐れているケースが大半です。

自分で考えて、自分で行動しなければ、何も変わることはありません。

占いとは、自分の考えや行動プランを後押ししてくれる存在……という姿勢で向き合うことが、最も好ましいスタイルだと思います。

私は占いを一時的な「避難場所」や「駆け込み寺」として活用することをおすすめしています。

不安や悩みで身動きが取れない状態になっても、**自分の感情を一時的に「避難」させる場所があれば、気持ちを立て直す**ことができます。

それをポジティブな方向に向けてサポートすることが、占い師の大事な役目だと考えています。

第2章

成功者と占いの
親密な関係

成功者はどのように占いを利用しているのか?

占いについて、こんな言い伝えがあります。

「貧しい者は占いに依存し、向上心のない者は占いをバカにする。富める者は占いを利用している」

この言葉が必ずしも真実だとは思いませんが、古今東西を問わず、**「富める者」の多くが、占いを賢く利用していることは確か**なようです。

歴史上の偉人から、ビジネスの成功で莫大な財産を築いた人、現代のビジネスエリートまで、多くの成功者が占いと親密な接点を持っています。

私のところに定期的に相談に来る人の中には、有名企業の経営トップや一流大学を卒業した大企業のエリートサラリーマンがいます。

彼らに共通する特徴は、占いに判断を委ねるのではなく、**占いを「答え合わせ」のツールとして活用している**ことです。

ある企業の経営トップは、年度末や年末年始などの節目の時期を迎えると、必ず相談にやってきます。

「来年は新しい事業を始めて攻める年にしようと思っているが、どうだろうか?」

新たなビジネスをスタートさせる前に、**会社やご自身の運勢をチェックして、自分の考えが本当に正しいかどうか、答え合わせをしている**のです。

鑑定の結果が「来年は攻める年」と出れば、勇気を持って前に踏み出します。

仮に、「来年は守る年」と出たとしても、それで計画を中止するわけではありません。

「来年は、どんな事態が待ち受けているのか?」

「どんなことに気をつければいいのか?」

「どうすれば、新しい事業を成功に導くことができるのか?」

新たなビジネスの成功に向けて、さまざまな角度から検討材料を探すなど、細心の注意を払っています。

仕事のできる経営者は、占いに正解を求めたり、頼り切るのではなく、**占いを「参考」にして、自分のプランをブラッシュアップ**しているのです。

エリートが占いに目を向ける理由は「危機感」

大手企業に勤めるビジネスエリートの場合は、「ライバルとの出世競争の行く末」や「社内の派閥争いで、どこの陣営に入ればいいか?」などの生々しい相談が少なくありませんが、最近では、新たな傾向も出始めています。

その背景にあるのは、日本が先行き不透明な時代を迎えていることです。

日本を代表するような有名企業に勤めていても、**「このまま今の会社でサラリーマンを続けることに危機感を感じる」**という人が増えています。

「将来的には海外に移住したい。この先、10年くらいの流れを知って、タイミングを見計らいたい」(商社・30代男性)

この男性の関心は、現在の仕事よりも将来の生活設計に向けられており、「**自分は海外に縁のある星を持っているのか?**」、「**海外移住という考え方は間違っていないか?**」など、占いを参考にして、日本脱出のチャンスを狙っています。

この他にも、「副業が好調なので、どこにいても仕事ができる流れを作ってから会社を辞めたい」（ゼネコン・40代男性）と考えて、5年後や10年後のキャリアプランを練っている人や、「投資を始めようと思っている。**自分が投資に向いているのか、占ってほしい**」（電子機器・30代女性）という人もいます。

最近では、日本経済の長期低迷を反映しているのでしょうが、男女を問わず、「投資」に関連した相談が増える傾向にあります。

終身雇用が当たり前とされ、年功序列によって給料が増えていた時代には、会社の中で「いかに生き残るか？」が一番の関心事でしたが、時代の多様化が進んだことで、「会社に執着する」という意識は少しずつ薄れているようです。

それは一流企業に勤めるビジネスエリートであっても例外ではなく、「今の会社にいることが、最良の選択なのか？」と現状に不安を感じている人も少なくありません。

「**自分の新たな可能性を見つけたい**」

こうした思いの高まりが、彼らの目を占いに向かわせているように感じています。

ビジネスパーソンは、占いに何を求めているのか?

ここからは、私のところに定期的に相談に来ている3人のビジネスマンの実例を、「ケーススタディ」として紹介します。

登場するのは、30代、40代、50代の方々です。

この3人に共通するのは、一流大学を卒業して、日本を代表するような有名企業でバリバリと働いているビジネスエリートであることです。

いずれもビジネスの最前線で大きな実績を上げていますが、キャリアを積み重ねた先には、思わぬ難題が待ち受けていました。

彼らは、どのようにして難しい局面に立ち向かっているのか?

現代のエリートたちのリアルな実情をお伝えします。

【ケーススタディ①】希望の赴任地に転勤できたが、転職すべきか悩んでいる

◆相談者　Xさん(メガバンク勤務・50代)

Xさんは東大を卒業して、メガバンクに勤めるエリート銀行マンです。

10年ほど前に奥様が私の西洋占星術とタロット占いのレッスンを受講され、それが縁でご本人やお子さんも占うようになって、年4〜5回のペースで定期的に鑑定をしています。

現在は、ヨーロッパに赴任しているため、オンライン鑑定がメインです。

これまでの相談は、お子さんの留学先や、「**どの派閥に属していれば、自分の出世が約束されるのか？**」などが中心でしたが、ここ数年は相談内容が変化しています。

20代の頃にヨーロッパに駐在経験があり、お子さんもヨーロッパの名門大学に留学していることもあって、ずっとヨーロッパ勤務を希望していたのですが、赴任先はアジアばかりのため、「会社にこのまま残るべきか？」が一番の関心事でした。

仕事ができるエリートには、**頻繁にスカウトの声がかかるため、その誘いに乗るかどうか**も常に相談されていました。

現在はようやく希望通りのヨーロッパ勤務となり、家族が初めて一緒に暮らせるようになりましたが、現在の最大の悩みは、「ヨーロッパ行き＝出世街道から外れる」という厳しい現実に直面していることです。

それはヨーロッパ行きを希望している段階でハッキリと認識していたことですが、エリート街道を突っ走ってきたビジネスマンが「目標」を失うことは、想像以上の喪失感とダメージがあるようです。

◆出生図で見る「生まれながらの性格や気質」

・我慢強くて、粘り強い
・どんなに厳しい状況にも耐えることができる
・常に人間関係に振り回されてしまう

◆相談内容

・転職のスカウトは頻繁に来ている。誘いに乗るべきか？
・この先の出世は望めない。いつまで会社に残るか、辞めるならいつか？

◆鑑定結果と現在の状況

Xさんの場合は、家族全員の長年の念願がかなってヨーロッパ行きを実現できましたが、エリートとしてのプライドと目標を手放したことによって、新たな葛藤が始まっています。

家族が一緒に暮らせるようになったことは素直に喜んでいますが、50代を迎えたこともあって、「このまま銀行マン生活を続けて、本当にいいのだろうか？」という焦りにも似た感情が芽生えているようです。

場合によっては、スカウトの誘いに乗って、ヨーロッパ以外の国で働くことも視野に入れ始めているのです。

タロットカードでスカウト先に転職したケースを占ってみると、**「タワー」というトラブルを示すカード**ばかりが出て、何度やっても結果は同じでした。

これまでに何度もスカウト先に転職するケースを占って来ましたが、Xさんの場合は一度も転職を推奨するような結果が出たことはなく、その度に、「今回のスカウトは見送った方がいいですね」とアドバイスしています。

「いつまで会社に残るか、辞めるならいつか？」の相談は、ホロスコープで運勢の流れを読んでいますが、こちらも常に、「しばらくは続けた方がいい」と出るため、「**出**

世の可能性がなくなったとはいえ、今は動くべきではない」と伝えています。

Xさんの相談を振り返ってみると、この10年くらいずっと、「このスカウトに乗るべきか？　このまま残るべきか？」の連続だったように思います。

エリート銀行マンのもとには、世界中の有名企業から誘いの声がかかるようですが、一度も誘いに乗ったことはなく、これまでの転職経験はゼロのままです。

Xさんは、生まれながらに「我慢強く、粘り強い」気質を持ち、「どんなに厳しい状況にも耐えられる」方ですから、結果的にはいい選択だったのかもしれません。

最近では、海外の銀行の倒産が増えていますから、結果的にはいい選択だったかもしれません。

たくさんの誘いがあっても、占いの結果によって「踏ん切り」がつけば、現在の仕事に集中することができます。

占いが精神的な安定剤の役割を果たし、気持ちのバランスを整えることに役立っているのかもしれません。

【ケーススタディ②】文化や習慣の違いに翻弄され、悪戦苦闘の毎日

◆相談者　Yさん（大手商社勤務・40代）

Yさんはバリバリのエリート商社マンですが、現在は東ヨーロッパの関連会社に出向になり、あちらで社長職に就いています。

日本の本社勤務の頃から、**「運勢の流れを知って、これからの指針にしたい」**と定期的に鑑定に訪れ、現在もオンライン鑑定を続けています。

出向になる少し前の鑑定で、明らかな変化の兆候が表れていました。

変化や変容を示す冥王星が、Yさんの生き方の指針を表す**おひつじ座の太陽と90度というハードな角度を取っていた**のです。

冥王星は、公転周期（太陽の通り道である黄道《こうどう》を1周するときにかかる時間）が247年という珍しい星ですから、その星配置にとって、Yさんの人生に大きな方向転換の時期が来ていると読み取ることができます。

「これからは自分の価値観と違うことに遭遇することになるので、運勢は少し厳しくなります」とお伝えした矢先に、海外に出向になることが決まりました。

現在は、文化や習慣の違いに翻弄されながら、「隙あらば、サボろう」とする現地の人たちを相手に悪戦苦闘の日々が続いています。

日本式のマネジメントが通用しない世界に放り込まれて、出向先で孤立することになり、「覚悟はしていたが、現状は想像をはるかに超えていた」と窮状を訴えています。

◆出生図で見る「生まれながらの性格や気質」

・リーダー気質を備えている
・忍耐強く、カリスマ性がある
・人望が厚く、周囲の人たちから慕われる

◆相談内容

・どうすれば、このピンチを乗り越えられるのか？
・帰国したら昇進できるのか？

◆鑑定結果と現在の状況

２４７年に一度の冥王星が厳しい星配置にある場合には、自分らしくいられない状態が続くことになり、その結果として運勢が悪くなってしまいます。

Yさんの場合は、習慣や文化が違う場所で「日本流」や「自分流」のスタイルを貫こうとしたため、ドロ沼にはまり込んでしまったようです。

自分らしさを否定されることは、誰にとっても辛いものです。

こうした厳しい時期を生き抜くためには、「こういう価値観もあるんだな」と受け止めて、それを咀嚼《そしゃく》して噛み砕き、きちんと理解するつもりで周囲と接していくことが開運につながる……とアドバイスしました。

大きな変化の星が来ていても、自分の意識と意志をポジティブに保つことが何よりも大切です。

２年後には現在の厳しい状況が終わること、その次には運気が上がるので昇進するとお伝えすると、「それを励みにして頑張ります」と話していました。

その次に鑑定したときには、「**自分じゃない自分を演じるようにした**」と少し明るい表情に変わっていました。

「この文化とか、この会社では、こういう立ち居振る舞いをしたらダメなんだなとわかり、かなり楽になった」ということです。

最近では、会社の業績も上向きになっているといいますから、帰国後の昇進にも光明が差しているようです。

社長として海外に出向するとなると、そのプレッシャーは相当なものだと思いますが、**愚痴を言える相手もいないでしょうし、奥様に相談しても理解してもらえるとは限りません。**

Yさんは占いだけでなく、現地で見つけた鍼灸師のところに通うなど、ガス抜きの手段を上手に使って、心身のバランスを整えているのだと思います。

【ケーススタディ③】社内不倫が発覚して、人生の岐路に立たされる

◆相談者　Zさん(大手証券会社勤務・30代)

Zさんは大手証券会社に勤める若手のホープでしたが、同僚の女性との不倫が発覚したことで、大きく潮目が変わってしまいました。
奥様がZさんの不倫を知ったのは、浮気相手とのLINEのやりとりを見てしまったことです。前々から夫の浮気を疑っていた奥様は、動かぬ証拠を掴むと素早く別居に踏み切り、離婚裁判の手続きを進めてしまいました。

子供に会わせてもらえないことがストレスになったZさんは、医師の勧めで精神安定剤を服用し始めましたが、ときには呂律が回らなくなることもあり、私の鑑定予約も何度か無断キャンセルするような状態になっていました。

Zさんは要職に就いていましたから、会社から強く引き止められたそうですが、**退職を決意して、大手の金融会社で金融アドバイザーになる**といいます。
一連の騒動の影響で、Zさんはすっかり女性恐怖症になっているそうです。

◆出生図で見る「生まれながらの性格や気質」

- リーダー気質があり、仕事では出世が見込める
- 私生活では突発的な変化やトラブルの可能性がある

・ストレスが溜まると刺激的な方向に暴走しやすい

◆相談内容

・今後、別れた妻はどう動くのか?
・離婚裁判の行く方は?

◆鑑定結果と現在の状況

まず最初に、奥様のホロスコープを作成して、性格的なことや、「どのような考え方をする人なのか?」を鑑定しました。

奥様の星配置から、「生まれつき経済観念がしっかりしている」だけでなく、「嫉妬心が強く、相当にしたたかな性格」の方であることが読み取れます。

かなりの金銭的な要求があることは間違いなく、そのための準備も着々と進めていることがわかりますから、「離婚交渉は一筋縄ではいかない」とお伝えしました。

離婚調停や裁判などの相談では、**「この裁判には勝てるか?」**、**「いつになったら、**

この苦しみから開放されるのか?」を聞かれることがほとんどです。

今回のケースでは、Zさんの運勢と奥様の運勢の両方を深く読み込んで、「最低でも2年はドロ沼の裁判が続く」ことを前提にして、タロットカードによって裁判の流れを示し、注意点などをアドバイスして、Zさんに「覚悟」と「心の準備」を促しました。

このZさんのように、男性が離婚の相談に来られることは、実はあまり多くはありません。

離婚の相談は妻側からのケースが圧倒的に多く、その割合は「妻9」対「夫1」くらいの差があります。

夫婦間の問題には、子供の将来や双方の親の介護、金銭面や健康面の問題など、難しい事情が複雑に絡んでいるため、男性の相談者は、「できれば離婚は回避したい」というスタンスの人が多いように感じますが、女性の側は、**「離婚調停や裁判に勝てるのか?」**とか、**「慰謝料はどのくらい取れるのか?」**など、離婚することを前提にして、割り切った考え方の人が多い傾向にあります。

「離職後は自立したい。どんな仕事が向いているのか、適職を知りたい」という前向きな姿勢の方も少なくありません。

離婚の相談には、男女間で大きな違いがあるのが現実です。

エリートが占いを「意識」し始める2つのきっかけ

仕事ができる優秀な人であれば、自分の身の回りで起こる問題に対して、まずは「自力」で解決しようと考えるのが普通でしょうが、必ずしもそれができない場合があるようです。

一つは、**さまざまな問題が「複合的」に折り重なってしまうケース**です。

職場の人間関係に悩んでいるにも関わらず、ご本人や家族の病気が発覚したり、降格トラブルに直面しているときに、仕事のパートナーやチームのメンバーとの間で深刻な揉め事が起こるなど、問題が二重、三重に続発することは日常的に起こります。

まるで「泣き面に蜂」のような状態になっても、それを率直に相談できるような相手というのは意外といないものです。

ビジネスエリートに限らず、日ごろから占いを意識したことのない男性が、私のところに相談にやってくるのは、こうした**問題が山積している場合が多い**ようです。

男性が既婚者であれば、占い好きな奥様がご主人の様子を心配して、「**夫が抱えている問題を占ってほしい**」と依頼されることも少なくありません。

奥様が家に帰って鑑定内容をご主人に伝えたところ、興味を持ったご主人が今度は一人でいらっしゃって、長い付き合いが始まる……ということもよくあります。

もう一つの自力で問題解決ができないケースは、**年齢が関係しています。**

男性であれば、40代の後半になると、一般的には転職もままならない状況を迎えますが、身体的にも精神的にも元気であれば、「ラストチャンスに、もう一花咲かせたい」と考える人が多いようです。

そうは思っても、自力だけで「何とかできること」には限りがあります。

そうしたリアルな現実に直面して、占いに関心を持ち始める人が多いようです。

私のもとに初めて相談に来た男性に理由を聞いてみると、次のような答えが返ってきました。

「やりたくない仕事を我慢してやっていれば、何とか会社に残ることはできるが、やりがいがまったく感じられないので何とかしたい」（生命保険・50代）

「早期退職を勧告されたが、転職しても収入が下がるのは目に見えている。会社にしがみつくべきだろうか？　転職もままならないため、起業も考えているが、自分は起業に向いているのだろうか？　もし起業するならば、どんな方面がいいのか？」（医薬品・40代）

「出世街道を外れたので、近いうちに肩たたきに合いそうな気がする。どんなことが起こるのか、今後の自分の運勢を知りたい」（精密機器・50代）

人は誰でも、ある年齢を迎えると自分の人生の「限界点」を感じるようになりますから、それに戸惑ったり、あがいてみたくなるのも無理はありません。

誰でもいいから自分の悩みを聞いてほしい……と感じ始めたとき、多くの人が占いの存在に気づくのかもしれません。

深く考える人は「目に見えない存在」にも意識を向ける

昨年のことですが、長く大学教授をされていた方が、「**リタイア後のこれからの活動や生活について、西洋占星術を通して考えてみたい**」と依頼を受けました。

遠方にお住まいのため、リモートでの鑑定となりましたが、「若い頃に西洋占星術に興味を持って少し調べたことがあり、時間ができたので、改めて興味を持ち始めた。まずは自分のことを占ってほしい」ということでした。

この元大学教授に限らず、いわゆるインテリと呼ばれる人たちには、占いに興味を持ち、その仕組みを熱心に勉強したり、実際に占い師に鑑定を依頼する人が少なくありません。

その理由を聞いてみると、「世の中の仕組みを知れば知るほど、**人間は自然や宇宙の摂理など、何か大きな力によって動かされている**と感じることが多くなり、そうした流れで占いに興味を持つようになった」という意見が大半を占めます。

実際、京セラや第二電電（現・KDDI）を創業した稲盛和夫さんや、パナソニック（旧・松下電器産業）グループ創業者の松下幸之助さんなど、「経営の神様」や「カリスマ経営者」といわれるような人たちは、その著書の中で幾度となく宇宙やスピリチュアルな存在について言及しています。

すべての優秀な経営者に共通しているわけではありませんが、**物事を深く考える人ほど、その思考の果てに「目に見えない存在」にまで意識を向けていた**ようです。

いくら経験豊富な経営者であっても、選択と決断の際には、自分の「直感」（感覚的に感じ取る能力）や「勘」（経験によって感じ取る能力）、「ひらめき」（瞬間的に思い浮かぶこと）に頼らざるを得ない局面があります。

そうした状況で判断材料の一つとして活用したのが、占いであり、神仏や風水であったといわれています。

歴史上の偉人は、占いをどう活用していたのか？

優秀な経営者やインテリ層に限らず、大きな功績を残した人たちは、どのように占いを活用していたのか？

ここからは、歴史に名を残すような偉人たちの占いとの関わり方をお伝えします。紹介するのは、戦国武将の「武田信玄」と「徳川家康」、カリスマ経営者の「松下幸之助」、現在もビジネスの最前線で活躍する「ビル・ゲイツ」といった4人のレジェンドです。

いずれも伝説的なエピソードですから、語り継がれている間に多少の誇張が含まれている可能性はありますが、その占いとの関わり方には興味深いものがあります。

◆武田信玄——「手相占い」で戦術や戦略を立て、情報戦を勝ち抜く

武田信玄は、占いを戦いに活用した戦国武将として知られています。

占い師の助言によって、「晴信」から「信玄」に改名したのは有名な話ですが、**「手相占い」を使って、敵方の運気や弱点を見定めていました。**

「証文《しょうもん》」に押された敵方の大将の手形を取り寄せて、手相を観られる軍師に相手の置かれた状況を読み解かせていたといいます。

「相手は強運の持ち主ですから、戦うのではなく、味方につけるべきです」

「この相手は運気が落ちているので、攻めるならば今がチャンスです」

こうした進言を判断材料にして、戦術や戦略を立てていたのです。

信玄には、自分に仕える武将の中で**最もいい手相をしている者を選んで、自分の「影武者」に仕立てていた**というエピソードも残されています。

戦国時代は風水や陰陽五行説が流行していましたが、信玄は手相占いを駆使して、相手を牽制したり、混乱させることによって情報戦を勝ち抜いていたのです。

◆徳川家康——江戸時代の繁栄の背景にある「天源占星術」

戦国時代の最後の天下人になった徳川家康は、「天源占星術」の影響を受けていたといわれています。

天源占星術とは、天台宗の大僧正だった天海《てんかい》和尚が古代中国の「陰陽五行説」から発展した「四柱推命」をもとに作ったとされる占術です。

関ケ原の戦いに勝利した家康は、1603年（慶長8年）に幕府を開くにあたり、天海和尚に助言を求めています。

家康にとって、**天海和尚は政策ブレーン**のような存在だったようです。

家康の命を受けた天海和尚は、伊豆（静岡）から下総（千葉）までの地相を幅広く調べ上げ、陰陽五行説にある「四神相応《しじんそうおう》」の考えに従って、**江戸が幕府の本拠地にふさわしい**と進言しています。

「四神相応」とは、東に川が流れ、西に低い山や道が走り、南に湖や海があって、北に高い山がある土地は繁栄する……という考え方です。

江戸には、東に隅田川、西に東海道、南に江戸湾、北に富士山があります。

天海和尚は、**「江戸こそが、四神相応にかなう最良の場所」**と進言し、家康もそのアイデアを受け入れたのです。

家康は江戸の町を守るため、北東の「鬼門」に寛永寺と神田神社、南西の「裏鬼門」に増上寺と日枝神社を建てていますが、これも天海和尚のアドバイスによるものといわれています。

天海和尚は、家康から秀忠、家光に至る3人の将軍にブレーンとして仕え、江戸の街作りや宗教行政にも絶大な影響力を与えています。

江戸時代が約260年という長い安泰を続けられた背景には、占いの存在が大きく関係していたようです。

◆松下幸之助——占いを気にせず、冷静に判断するカリスマ経営者

著書によると、幼少期の名前は「幸吉」で、**戦後に占い師の進言に従って「幸之助」に改名したと**いわれています。

幸之助という名前は、「小売人向きで大器晩成の画数」なのだそうです。

最も有名なのは、1933年（昭和8年）に当時の松下電器が大阪・大開町から門真村（現・門真市）に本店と工場群を移転した際のエピソードです。

門真村は大開町から見て北東の方角にあるため、「鬼門」にあたります。

ある占い師から、「**わざわざ方位の悪いところへ行くなんて、やめたほうがよろしいで**」と忠告され、周囲からも懸念の声があがったといいます。

幸之助自身も相当に迷ったようですが、最終的にはこんな決断を下しました。

「北東が鬼門というなら、南西から北東へ長く伸びる日本は、どこへ行っても鬼門ばかりやないか。気にせんとこ！」

その後、松下電器はこの地を拠点に世界的企業となり、門真は有数の商工業地帯となっています。

占いは参考にはするが、最終的には自分の頭で考える……というカリスマ経営者の冷静な姿勢が、パナソニック躍進の一因なのかもしれません。

◆ビル・ゲイツ――無意識に「インド風水」を実践していた成功者

マイクロソフトの共同設立者で、世界長者番付の常連でもあるビル・ゲイツは、**インド風水の「ヴァーストゥ」の信奉者**といわれています。

ビル・ゲイツが、インド風水と出会ったのは、１９８３年に最初の自社ビルをワシントン州ベルビューに建てたことがきっかけです。

当時のマイクロソフトは社員200人程度の中小企業ですが、1975年の創業から徐々に業績を拡大しており、ようやくビル・ゲイツの故郷に本社を移転できるような状況になった……というタイミングだったようです。

この本社ビルは設計者がインド風水に基づいてデザインしたものですが、社員はもちろん、当時28歳のビル・ゲイツ本人もそれを知らなかったそうです。設計者が説明することはなく、説明を求められることもなかったため、その事実を知ったのは建物が出来上がった後だったようです。

新たに完成した本社ビルは、風水学的に見ると「これ以上ない」というほど見事な設計だったといわれますが、**ここに拠点を移した途端に同社の快進撃が始まります。**

1983年10月に発売した「Microsoft Word」の大ヒットを皮切りに、1986年には念願の株式上場を果たし、1992年に「Windows 3.1」、1995年には「Windows 95」と「Internet Explorer」を世に送り出して、世界企業へと急成長していきました。

ビル・ゲイツとマイクロソフトの社員は、**無意識のうちにインド風水を実践**していたわけです。

これを期にインド風水の信奉者となったビル・ゲイツは、ワシントン州メディナにあるワシントン湖を見下ろす自宅や、世界各地に所有する別荘を建てる際にも、**必ず風水の考え方を取り入れている**そうです。

建物の玄関からプラスのエネルギーが流れ込むように位置関係を調整したり、外部からのマイナスのエネルギーを遮断するために建物の前に大きな樹木を植えるなど、さまざまな工夫が施されています。

ビル・ゲイツの自宅は周囲の環境と調和するように自然素材を使って作られ、水中に音楽が流れるプールや、バー付きの図書室などを完備した敷地面積が約１４０平方km、推定価格80億円の大豪邸です。

フランスのパリ市全体の広さが約１００平方kmですから、いかに広大な敷地であるかがわかります。

社員数200人だったマイクロソフトは、現在では100を超える国々に7万人以上の社員を抱える超優良企業に成長しています。

マイクロソフトに限らず、「インテル」や「ナイキ」、「フェデックス」といった世界的な巨大企業も、**オフィスの設計に風水を取り入れている**といわれています。

その発展の背景には、少なからず占いが関係しているのかもしれません。

西洋社会と日本との占いに対する認識の違い

歴史上の偉人やカリスマ経営者に共通しているのは、**占いが持つ「選択の指針」という特性を上手に利用している**ことです。

それが自分の考えと合っているならば、勇気を持って一歩前に踏み出します。

もし、自分の考えと合っていなければ、自分の頭で代替案を考えています。

こうした絶妙な距離感が取れる頭の良さや判断力の確かさが、彼らをレジェンドにした一つの要因と見ることができます。

アメリカ5大財閥のひとつであるモルガン財閥の創始者で「金融王」と呼ばれたJ・P・モルガンは、占いとの関わり方をこう話しています。

「億万長者は占星術を信じないが、大富豪は活用している」

これは1988年5月のニューヨークタイムズ紙の取材に答えたものですが、言い換えれば、小金持ちは占いを信じようとしないが、大金持ちは信じるとか、信じないの二元論ではなく、上手に「活用している」ということです。

占星術というと、多くの日本人は「12星座占い」を連想して、娯楽やエンタテイメントの一種と考えがちですが、西洋人の受け止め方は大きく異なります。

西洋社会では、占星術と天文学は同じルーツを持つ学問と考えられています。

天体の運行やそれを取り巻く現象を研究するのが天文学であり、その意味や人間に与える影響を研究するのが占星術という認識です。

どちらも天体の動きに着目している点では同じであり、欧米では占星術は単なる占いの領域に留まらない科学の一分野と考えられています。

イギリスの名門オックスフォード大学では、教授会が主催する「占星学セミナー」が毎年定期的に開かれており、学生たちの関心も高いといわれています。

こうした背景があることから、欧米では政治家や企業家をはじめとして、多くの人たちが何らかの形で占星術を活用しています。

アメリカの歴代大統領には、必ず占い師の「顧問」がいるといわれています。

イギリス国民の間では、「故エリザベス女王が外国を訪問する日程は、専任の占星術師が決めていた」という考え方が定説になっています。

日本人の目から見ると、世界の大国の大統領が占い師を顧問にしている……というだけで、ある種の「神頼み」的な危うさを感じるかもしれませんが、そこには占いに対する明確な認識の違いが存在しているのです。

占星術は「投資」や「資産形成」と親和性が高い

アメリカやイギリスの占星術学会では、「木星と天王星が調和的な角度を取るときは好景気になる」とか、「土星と天王星がハードな角度を取ると不景気になる」など、

経済の動向と天体配置との相関関係に着目した研究が進められています。

海外の証券会社には、占星術でマーケットの動向を予測している為替ディーラーが何人もいたり、「世界一の投資家」と呼ばれる**ウォーレン・バフェットも、投資先を選ぶ際に占星術を活用している**といわれています。

欧米では、占星術は「投資」や「資産形成」と親和性が高い……という考え方が一般的です。

多くの日本人の目には奇異に映ると思いますが、欧米諸国では占星術を投資などの金融の分野に応用する「**金融占星術**」の研究が進められています。

占星術は、「森羅万象は相互に関連し合っている」という考え方を基本に、天体の位置関係や動きなどが人間や社会に与える影響を考えていますが、**天体の動きと株や為替の値動きの相関性に着目した**のが金融占星術です。

1940年代から研究が始まり、天体と為替相場との関係が徐々に明らかになっています。

太陽は「大衆の予想に沿う」動き、月は「一時的」な動き、水星は「早い」動き、金星は

「儲かる」動き、火星は「暴騰か暴落」の動き……を示すと考えられています。

金融占星術には、**特定の銘柄について株価の変化を予想する手法**もあります。占星術で人の運勢を見る場合は、誕生日の出生時刻の天体配置が起点となりますが、株の場合は会社の創立年月日や上場日の天体配置で動静を読み取ります。

その企業の「誕生日」の天体位置に対して、幸運を表す木星が重なったり、良い角度（アスペクト）を成す場合は「買い」と判断し、制限を表す土星が重なったり、悪い角度を成しているならば「売り」と判断します。

欧米では、**金融占星術を基にトレードを実践している人が相当数いる**といわれており、日本でもごく少数ですが、株や為替の売買に活用している人がいるようです。

「ボイドタイム」の存在を知ってビジネスに活かす

金融占星術では、会社の創立年月日や上場日を起点に天体の配置を読み取りますが、この理論を応用して、候補となる日を逆算して選ぶ「**イレクショナル占星術**」も世界中で盛んに活用されています。

イレクションとは、ある物事を行うのに最適な日時を「選択」（イレクション）するという意味です。

私の場合も、会社の創立日や登記日の相談を受けたり、結婚式や結納の日取りなど、何か重要な日の選定を依頼された際に使用しています。

イレクショナル占星術では、最適な日取りを選ぶ際に、「日食と月食の前後1週間は避ける」とか、「太陽や月のアスペクト（角度）のいいときを選ぶ」など、さまざまな条件をもとに候補日を選定しますが、絶対に外さない条件の一つが、「**ボイドタイムを避ける**」ということです。

あまり聞き慣れない言葉でしょうが、ボイドタイムの意味や存在を知っておくと、ビジネスだけでなく、日常的に何かを判断する際にも役立ちます。

ボイドタイムとは、月が次のサイン（星座）に入るまでに、**他の惑星と主要なアスペクトを作らない時間帯**をいいます。

ボイドには、「空白」や「無効」の意味があり、人の感覚が敏感になり、想像力が活発化するといわれていますが、予想外の結果を招いてしまうことが多いため、**何か重要な判断をしたり、新しいことを始めるには適さない時間帯**とされています。

月は地球の潮の満ち引きを支配するなど、水の流れやバランス、リズムなどに大きな影響を与える天体ですが、ボイドタイムに入ると、「**月のエネルギーが限りなく無に近くなる**」といわれています。

人間の身体は70％以上が水分ですから、その影響を大きく受けることになり、それまで体内に抑えられていた人の感情や欲求などが急激に吹き出し、トラブルとなって現れる……と考えられているのです。

ボイドタイムは、2〜3日に1回くらいの頻度であり、時間帯はその日によって異なりますが、インターネットで「**ボイドタイムカレンダー**」と検索すれば、誰でも簡単に日時を知ることができます。

ボイドタイムに入った場合は、次のような5つのことは、できるだけ避けた方が賢明とされています。

①何か新しいことを始める

気持ちが不安定になっているため、無駄なトラブルが起こったり、人間関係がギクシャクする可能性が高くなります。

新たなビジネスや企画を立ち上げるのは避けた方が無難です。

②大事な会議や契約をする

注意不足によって、うっかりミスやチェック漏れが生じやすくなるため、判断力を要する仕事はできるだけ避けたいところです。

話し合いの場面では、感情的な衝突が起こらないように注意が必要です。

③人生の転機となる重大な決断をする

自分だけでなく、相手も迷いや優柔不断な気持ちが生じやすくなっています。

就職や転職、結婚や引っ越しなど、人生の転機となるような決断やイベントも、なるべく外した方が安心です。

④自分の意思や想いを人に伝える

感情が不安定なため、相手に誤解や疑いを持たせてしまうことがあります。お互いの雰囲気が悪くなったり、言葉足らずになって、言い争いになる可能性も高くなります。

⑤大きな買い物をする

思考力や判断力が鈍くなるため、冷静な判断ができなくなる可能性があります。本来なら不必要なものや、自分の好みではないものを選ばないためにも、家や車、高級ブランド品など、大きな買い物はできる限り避けましょう。

ボイドタイムに入ると、人間の感情が乱れがちになり、トラブルが発生しやすくなるため、**欧米では「魔の時間帯」**と呼ばれています。

アメリカの大統領や世界の経営者の多くが、重要な会議や大事な決断をする際はボイドタイムを避けるといわれています。

「ボイドタイムだから絶対にダメ」と考えるのではなく、避けられるのであれば、無理してその時間帯を選ばない……くらいの気持ちでいいと思います。

その時間帯をどうしても避けられない場合は、「いつもより考え方が伝わりにくいかもしれない」とか、「誤解を与えやすいかもしれない」ことを十分に意識して、丁寧に言葉を選んだり、わかりやすく伝えようと心がければ、不要なトラブルは避けることができます。

ボイドタイムとは、私たちに「注意喚起」の機会を与えてくれるものです。

その存在を知って、上手に活用すれば、ビジネスの質を上げることにつながります。

第3章

なぜ未来がわかるのか?
西洋占星術の「構造」を
読み解く

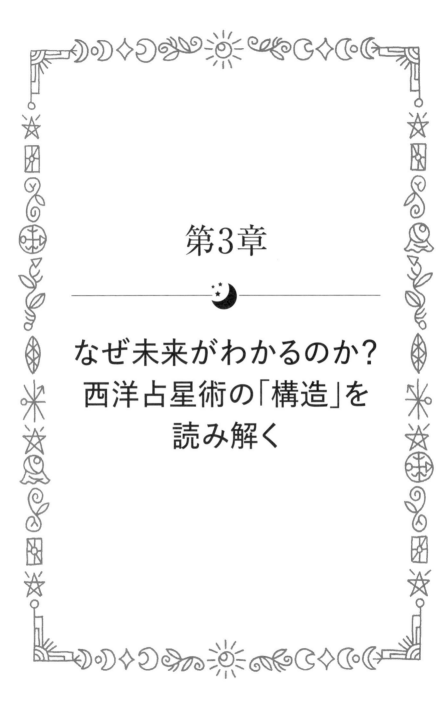

世界中の研究者が「科学的根拠」の解明に挑んでいる

私は、「西洋占星術」と「タロット占い」を中心に活動していますが、この2つの占いは、本来はまったく性格の異なるものです。

西洋占星術は、生年月日や出生時刻、生まれた場所をもとに、今現在の天体と出生時の地球から見た天体配置や出生図との関わり方を精査して、この先の運勢などを読み解く占術です。

欧米では、「天文学」の要素に、「統計学」の視点をプラスして、それを「体系化」したもの……と考えられていますから、非常に**理論的で論理的な占い**といえます。

もうひとつのタロット占いは、**偶然性のある占術**です。

タロットカードには、古代エジプトや古代ギリシャなどの神話や伝説にまつわる暗示的な図柄が描かれており、占い師は任意で引いたカードが示す意味を読み解いていきます。

この2つの占いには、「理論的」と「偶然性」という明らかな違いがありますが、タロット占いが好意的に受け取られているのに対して、西洋占星術には、意外に厳しい批判の目が向けられています。

西洋占星術に、科学的な根拠はあるのか? 天体の動きや配置から、なぜ人の運勢がわかるのか?

この2つが批判的な意見の代表格といえます。

こうした批判は、今に始まったわけではなく、日本だけの話でもありません。占星術が生活や文化に根ざしている欧米社会でも、長い時間をかけて活発な議論が交わされています。

その背景には、**宗教の存在**も密接に関係しています。

キリスト教では、イエス・キリストのみが絶対と考えられており、**占星術や予言などを敵視する時代**が長く続きました。

ローマ帝国が衰退していった中世では、キリスト教の激しい弾圧があったにもかかわらず、占星術は天文学と共に医師になるための必修科目とされるなど、さまざまな矛盾を繰り返してきた歴史があります。

現在でも、敬虔なクリスチャンは占いと距離を置く傾向があるようで、私のところにも、「本当は占いはダメなんですけど……」といって相談に来るクリスチャンの方が何人もいます。

西洋占星術は、数ある占いの中でも**最も研究者が多い占術**といわれており、これまでにも世界中の占星学者や科学者たちが、この批判の払拭にチャレンジしています。

この章では、現在までの代表的なトライアルをアプローチ別に紹介してから、米国アップル社の共同創業者の一人で、「iMac」や「iPod」、「iPhone」など革新的なサービスを次々と世に送り出したスティーブ・ジョブズを題材にして、「西洋占星術とは、どんな占いなのか？」を具体的に解説していきます。

第3章は、次のような構成で、西洋占星術の「構造」をお伝えします。

【Part①】西洋占星術に科学的な根拠はあるのか？
【Part②】西洋占星術でどんなことがわかるのか？
【Part③】西洋占星術で未来の出来事を予測する

これまでの試行錯誤や研究の成果を知ることは、教養として知識になるだけでなく、占いをきちんと理解するための大事な手がかりとなります。

PART 01 西洋占星術に科学的な根拠はあるのか？

西洋占星術では、**天体の「動き」が地上の出来事を予告し、私たちの日常にも大きな影響を与えている**……という考え方を大前提にしています。

宇宙を「マクロコスモス」（大宇宙）と捉え、私たち人類をその一部である「ミクロコスモス」（小宇宙）と位置づけることによって、「大宇宙の動きが小宇宙にさまざまな影響を及ぼしている」と考えています。

西洋占星術の「疑惑」を晴らすための最初のチャレンジは、**「天体の動きは、どのような影響力を持っているか？」**を科学的に検証する試みからスタートしました。

科学的アプローチ編

◆トライアル①天体の動きは地球上の金属に影響を与えている

天体の動きは、地球上にどんな影響を及ぼすのか？

画期的な実験結果を発表して科学的アプローチの口火を切ったのは、ドイツの研究者でした。

1928年、ドイツの科学者リリー・コリスコが、**天体と月のアスペクト（角度）が変わると、吸い取り紙の上に載せた「銀」が影響を受け、その模様に変化が起こる……**という実験結果を公表したのです。

これが発端となり、ヨーロッパ各地でさまざまな試みが始まりましたが、最も先鋭的な実験をしたのが、イギリスの科学者ニコラス・コラーストロムでした。

コリスコの発表から48年後の1976年、コラーストロムは、地球から見て火星と土星が隣同士に見えるアスペクトを利用して、吸い取りが吸収した「鉛」の量を正確に測定する実験をして、その図表化に成功しました。

コラーストロムはさらに、**「銀」は月、「鉄」は火星、「鉛」は土星の動きに反応する**ことも突き止めています。

この実験結果は、世界の科学者だけでなく、天文学者にも大きな衝撃を与えることになりました。

天体が地球上の特定の「金属」に影響を与えることを証明しただけでなく、15世紀の天文学者コペルニクスが唱えた**「土星は地球上の鉛に影響する」**という説の正しさを裏付けることになったからです。

医学の世界では、「鉄」は人間の活動を活発にさせ、「鉛」は脳の働きを鈍化させると考えられています。

「鉄」が火星の動きに反応するのであれば、火星の動きが人間の行動を活発にしても不思議ではありません。

「鉛」が土星の動きに反応するのであれば、土星の動きが人間の脳の働きを抑制することにも納得がいきます。

・火星が動く→元気になる

・土星が動く→脳の働きが鈍る

この関連性は、西洋占星術の考え方とピッタリと一致するものでしたが、その社会的評価は、あまり芳しいものではありませんでした。

多くの科学者が、「天体が地球に与える影響は引力だけであり、その他の影響については100%の証明はできない」との理由で、研究成果を一笑に付したからです。

◆トライアル②惑星の位置と無線障害との関連性

太陽が地球の磁場に影響を及ぼすことはよく知られていますが、アメリカの無線技師ジョン・ネルソンは、太陽を中心とした惑星の配列と磁場の変化による無線障害の関係を研究し、興味深い新発見をしています。

複数の惑星が太陽と「一直線上」に並んだり、「直角」になると無線障害が起こり、「120度」の位置関係になると、急速に無線障害が弱まる……というのです。

西洋占星術では、惑星同士の位置関係を次のように判断しています。

- **「一直線上」** 真反対の180度の位置関係を「オポジション」といい、葛藤と摩擦を意味する(ハード)
- **「直角」** 90度の位置関係を「スクエア」といい、葛藤と摩擦を意味する(ハード)
- **「120度」** 120度の位置関係を「トライン」といい、調和を意味する(ソフト)

西洋占星術でハードとなる「一直線上」と「直角」の位置関係では無線障害が発生し、ソフトとなる「120度」では、急速に無線障害が弱まっているのです。

このジョン・ネルソンの研究によって、西洋占星術で、「**アスペクト**」（**角度**）**と呼ばれる惑星同士の位置関係が、地上に何らかの物理的影響を及ぼしている**ことがわかってきました。

ジョン・ネルソンの研究報告は、NASA（米航空宇宙局）も認めており、現在も実験が続けられているといいます。

◆トライアル③「月」の引力が野菜の収穫量に影響を与える

「月」の位置によって満潮や干潮が発生するなど、地球は月の引力の影響を強く受けていますが、この引力に着目した研究も各国で進められています。

アメリカでは、「**農業占星術**」をベースにした実験が盛んに実施されています。

農業占星術とは、満月から新月までの「月相」を観察して、その月が「十二宮」（12星座）のどこに入っているかで、作物の植え付けや収穫期を判断する……という占いのジャンルです。

その研究報告によると、月が「水」のサインの宮（かに座、さそり座、うお座）に入っているときにトマトを植えた場合、「火」のサインの宮(おひつじ座、しし座、いて座)に入っているときと比較して、収穫量が圧倒的に増えるといいます。

その中でも、「かに座」と「しし座」で比べてみると、**かに座の方が45％も収穫が増えることが明らかになっており**、現在もデータの解析が続けられています。

◆トライアル④月の動きが手術の「出血量」を左右する

医学の分野でも、月が人間に与える影響についての研究が報告されています。

「**手術日によって、患者の出血量に差がある**」ことに着目したアメリカのアンドリウス医師は、過去2年間に扁桃腺の手術をした1000例以上のデータを改めて分析した結果、**出血量と月の動きに明らかな関連性がある**ことを突き止めています。

◆トライアル⑤太陽と月の角度には「避妊効果」がある

チェコ共和国(旧チェコスロバキア)の精神科医オイゲン・ヨーナス博士は、**月と太陽が特定の角度にあるときに性交を控えれば、98％の避妊効果**が得られ、受胎時の月の位置を確認すれば、85％の確率で性別を予測できる……という説を唱えています。

この他にも、**月とアルコール依存症や薬物依存症との関連**を疑うなど、月が人間の肉体や精神に与える影響についての研究も実施されていますが、正直なところ、現時点では十分な研究成果は得られていないのが実情です。

天体の位置や動きが、地球や私たち人間に何らかの影響を及ぼしていることは証明できたとしても、それは西洋占星術の「正しさ」を裏付けるものではありません。目覚ましい科学の進歩を持ってしても、明確な答えは得られていないのが現状です。

統計学的アプローチ編

◆トライアル⑥「出生図」と「職業」の関連性を検証

フランスの心理学者ミッシェル・ゴークランは、統計学の手法を使って西洋占星術の解剖にチャレンジしています。

名門ソルボンヌ大学で統計学を学んだゴークランは、西洋占星術を否定的に見ており、この試みは攻撃材料を探すことが目的だったといいます。

彼が着目したのは、西洋占星術が得意としている「**適職診断**」です。

適職診断とは、ホロスコープ・リーディングによって個人の性格や気質、才能を読み取り、どんな職業が適しているかを判断することです。

ゴークランは約5万人分の出生記録を採取し、統計学を用いて出生図と個人が最終的に選んだ職業との関連性を研究したところ、**そこに明らかな関連性を見出す**ことになりました。

この研究によって、西洋占星術に懐疑的だったゴークランは、すぐに擁護派に転じたといわれています。

ゴークランは、「**火星効果**」についても調べています。

火星は、闘争心や肉体的な能力を象徴する天体とされていますが、ゴークランは約1500人分のスポーツ選手の出生記録を集めて、火星がホロスコープのどこに位置しているかを調べました。

その結果、ホロスコープのアセンダント(東の地平線上＝先天的なアイデンティティを表す)や、天頂(真南＝後天的なアイデンティティやキャリアの軸とされる)の位置に火星が来ているスポーツ選手が20％以上もいることがわかりました。

火星とスポーツ選手との相関関係を明らかにしたことで、ゴークランの研究は、占星術を科学的に裏付ける根拠とされています。

イギリスの占星術師ジョン・アディは、ゴークランの研究資料を数学的に解析して、「伝統的な占星術の法則の中のいくつかは、科学的に証明できる」と発表して、ゴークランの研究を後押ししています。

現代では、「**西洋占星術と統計学の間には密接な関係がある**」と考える人が増えていますが、その昔は、頑なに西洋占星術への統計学＝科学的なアプローチを拒む占い師が存在しました。

イギリスの著名な占星術家マーガレット・ホーンは著書『最新占星学教科書』で次のように主張しています。

「占星術は科学ではない。科学は統計学によって証明されるべきものだが、**占星術の実情はもっと精神的なものである**」

統計学によって証明されていない科学はいくらでもありますから、マーガレット・ホーンの主張を全面的に支持することはできませんが、「占いは科学なのか？」という世間の好奇心に、**著名な占星術家が苛立ちを感じていた**ことは間違いありません。

「占いは科学ではない。もっと精神的なものだ」

こうした強い主張に、占星術家としてのプライドを感じるだけでなく、そこには一面の真理があるように思います。

学術的アプローチ編

◆トライアル⑦米国と英国の2団体が学術研究のアップデートを牽引

西洋占星術には、科学的な占星学研究を目的とした2つの団体があります。

1939年にワシントンで結成された「**AFA**」（**米国占星学者連盟**）と、1958年にロンドンで結成された「**AA**」（**英国占星学協会**）です。

アメリカ「AFA」は、約4000人の会員が毎月発行される会報で研究の成果を競っており、2年に一度開催される定期大会(5日間)では、約400の講座が200人ほどの講師によって開かれています。

イギリスの「AA」の場合も、年6回の機関誌発行や、毎年開催される定期大会(2日間)では10を超える講座が開催されており、活発な議論が交わされています。

こうした団体がある強みは、研究の成果を公開の場で討論することによって、アップデートした情報を会員全員で共有できることです。

イギリスの「AA」が後援して、54人の研究者が共同執筆した600ページを超える英文の研究書『最近の占星学の進歩』は、まさに圧巻です。

1900年から1976年までに**世界の占星学界が発表した約500本の論文を掲載**していますが、客観性や具体性に欠ける内容に対しては具体名をあげて容赦のない批評が加えられるなど、厳格に精査されています。

その中の厳選された論文はアメリカやイギリスで書籍化され、ベストセラーやロングセラーになっており、日本でも読むことができます。

こうした継続的で地道な活動も、西洋占星術の有効性を客観的に証明しようとする試みの一つといえます。

HAYA'S VIEW POINT

【早矢の視点①】

西洋占星術に限らず、日本には占いを「胡散臭いもの」、「心霊的なもの」、「オカルト的なもの」と考える風潮があります。

正直なところ、現時点では「西洋占星術に科学的な根拠がある」という明確なビジョンは得られていないのが現状です。

こうした状況から脱却するためには、私たち占い師が正統な占星学の技術を習得するのはもちろん、日々の鑑定から得られる結果を十分に研究したり、最新の占いに関する研究成果などもしっかりと学び続けて、占い界全体でそれを共有していくような姿勢とシステム作りが重要だと考えています。

PART 02 西洋占星術でどんなことがわかるのか？

ここからは、スティーブ・ジョブズのホロスコープをもとに、「西洋占星術で、どんなことがわかるのか？」について具体的にお伝えしていきます。

ホロスコープを読み込むためには専門的な知識が必要になりますが、ここでは西洋占星術の「仕組み」や「流れ」を大枠で理解していただきたいと思います。

西洋占星術では、**「生年月日」**、**「生まれた時間」**、**「生まれた場所」**のデータをもとに、ホロスコープを作成することから鑑定が始まります。

ホロスコープは、**10の「天体」**、**12の「サイン」**（**星座**）、**12の「ハウス」**（**宮**）、占星術上の計算ポイントである**「感受点」の4つで構成**されており、それぞれの「位置」や「角度」（アスペクト）から、それらが示す意味を読み解いていきます。

スティーブ・ジョブズのホロスコープ

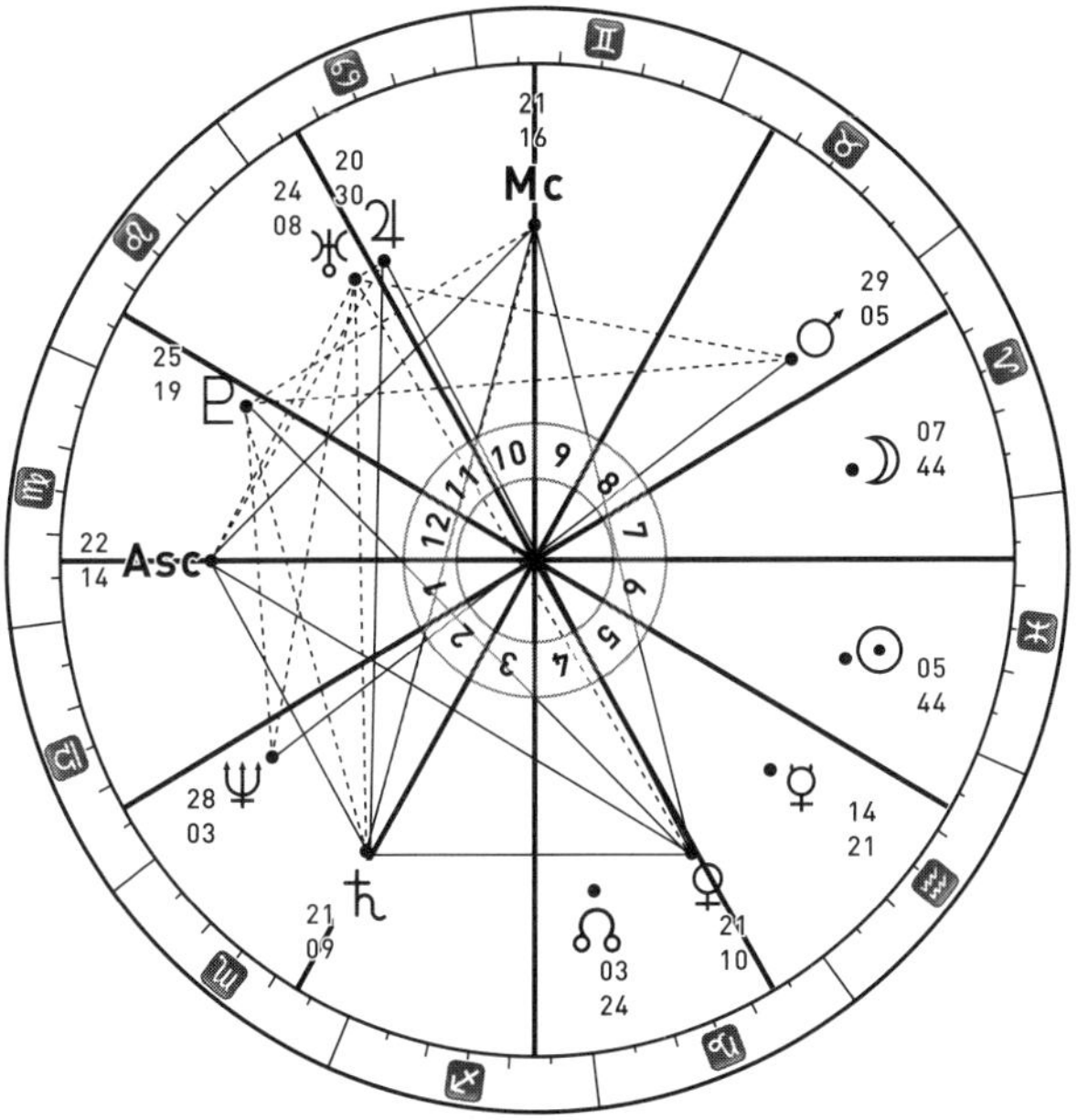

【スティーブ・ジョブズのデータ】
・生年月日：1955年2月24日
・生まれた時間：19時15分
・生まれた場所：米国サンフランシスコ

演劇に例えると、それぞれの役割が明確になると思います。

「天体」とは、自分の中にいる**10人の個性的な役者**と考えることができます。

「サイン」は、それぞれの役者が演じる**役どころ**を表します。

「ハウス」とは、役者が演じる場面をリアルにする**背景やセット**のようなものです。12のハウスは、それぞれの役者の個性が、どんな場所やシーン、方法で発揮されるのか……を示しています。


「アスペクト」は、主役や脇役、それぞれの登場人物が強く絡み合って新たな何かを生み出したり、**相性が合うか合わないか**を表します。

「感受点」は、ドラマの中のキーポイントとなるような人物や**小道具**を表します。

役者が一人でも欠けると舞台の幕が開けられないように、**これらのすべてが揃うことで、ホロスコープを読むことができる**のです。


ホロスコープを使って読み込むのは、次の4つの項目となります。

図1「10天体」の種類とその意味

記号	天体	意味
☉	太陽	生き方の指針、公の自分、12星座占いの“○○座”に当たる
☽	月	プライベート、素の性格、感情
☿	水星	知性、情報、神経、コミュニケーション、思考、適職
♀	金星	楽しみ、趣味、美意識、愛情、金運
♂	火星	やる気、行動力、モチベーション、ケンカ、衝動性
♃	木星	発展、保護、拡大、社会性
♄	土星	忍耐、制限、管理、伝統
♅	天王星	改革、革命、斬新さ、論理性、システム
♆	海王星	夢、ビジョン、イマジネーション、サイキック、ボランティア、慈悲心、忘我
♇	冥王星	破壊と再生、死、徹底さ、こだわり

一般的な星座占いは、生まれたときに太陽が位置していた星座（サイン）だけを指しますが、本来の占星術では、太陽系の10天体の動きを視野に入れています。どの天体も、生まれたときに天空のどこかに位置していました。すべての天体が、いずれかのサインの性質を帯びており、10天体すべての動きによって、総合的な人格が出来上がると考えられています。

【項目①】「10天体」は、それぞれどの「サイン」に位置しているのか？

【項目②】その天体は、他の天体とどんな「角度」を取っているのか？

【項目③】その天体は、「12サイン」のどこの「ハウス」に位置しているのか？

【項目④】天体や占星術上の計算ポイント（感受点）である「アセンダント」（生まれたときに位置していた東の地平線と太陽の通り道である黄道の交点）や、「MC」（黄道と子午線との交点）、「ノード」（黄道と月の通り道である白道の交点）などがどこに位置しているか？


この4項目を読み込むことによって、生まれ持った「才能」や「性格」、「恋愛」、「適職」、「人間関係」、「金運」など、幅広いテーマについて知ることができます。

それを読み解く技術や知識、能力が占い師の腕の見せどころとなります。

図2 12サイン（星座）の性格

記号	サイン	2区分	3区分	4区分	支配星	性格・意味
♈	おひつじ座	＋	活動	火	火星	情熱的、活動的、直情的、先駆者、開拓精神
♉	おうし座	－	不動	地	金星	受け身、安心安定安全を望む、美意識や五感が鋭い、外柔内剛
♊	ふたご座	＋	柔軟	風	水星	知的好奇心が旺盛、変化と刺激、流行・情報通、コミュニケーション
♋	かに座	－	活動	水	月	包容力、感受性、保守的、面倒見が良い
♌	しし座	＋	不動	火	太陽	リーダー気質、初志貫徹、創造性、勇気
♍	おとめ座	－	柔軟	地	水星	完璧主義、分析的、繊細、気配り、冷静
♎	てんびん座	＋	活動	風	金星	バランス感覚、社交性、美意識、協調性、時流を読む
♏	さそり座	－	不動	水	冥王星	一途、探求心、秘密主義、粘り強い、洞察力がある
♐	いて座	＋	柔軟	火	木星	向上・向学心、自由、海外、刺激と変化
♑	やぎ座	－	活動	地	土星	堅実性、責任感、慎重、伝統的、忍耐力がある
♒	みずがめ座	＋	不動	風	天王星	独自性、革新的、独立心、自由、理論的
♓	うお座	－	柔軟	水	海王星	同情心、献身的、感受性、神秘・芸術的

西洋占星術では、天文学上の星座と区別するために、星座のことを「サイン」と呼びます。12サインとは、春分の日の太陽の位置を基準に360度を30度ごとに12分割したもので、人間の心理を12に分類しています。12サインは、それぞれ次のような3つの区分に再分類されます。

「2区分」＝意志の向かう方向性が「能動的」（+サイン）か「受動的」（–サイン）か？

「3区分」＝行動パターンが「活動的」、「不動的」、「柔軟的」か？

「4区分」＝価値観の方向性を表し、4大エレメント（火・地・風・水）に分かれる。

　「火」＝情熱的で直感的。精神性を重んじる。

　「地」＝感覚的で現実的。安心・安定・安全を求める。

　「風」＝理知的で論理思考。コミュニケーションを重んじる。

　「水」＝情緒的で感情的。感受性が強い。

西洋占星術で読み解くジョブズの7つの人物像

まずは、ホロスコープからスティーブ・ジョブズの人物像を読み取ります。

ジョブズが生まれた瞬間の星配置を見ると、**太陽、月、水星は、他の天体との特定の角度を取らない「ノーアスペクト」を築いています。**

パーソナルな性格を表す天体(太陽、月、水星、金星、火星)のうち3天体がノーアスペクトというのは、非常に珍しい配置です。

それに反するように、他の天体は、複合的にいくつもの天体とアスペクトを取っており、「**グランドクロス**」と呼ばれる幾何学形の複合アスペクトを取っています。

こちらもあまり見られない特殊な星配置となります。

太陽の位置は「公的な自分」を表し、月の位置は「私的な自分」を表します。

10天体の中で、この2天体が「性格形成」の基本的なバックボーンとなります。

ジョブズの太陽星座は「うお座」に属しており、彼の公的(表)な顔には、うお座の性質が影響を与えていることがわかります。

図3 ハウスについて

ハウス	特性・意味
第1ハウス	アイデンティティ、個性をあらわす表の顔、自己主張
第2ハウス	所有、収入、金銭、生まれ持った才能、身体感覚
第3ハウス	学習、知性の発達、身近な人間関係、コミュニケーション、小旅行、情報
第4ハウス	家庭生活、自分の基盤、土地、人格形成
第5ハウス	クリエイティビティ、演出、楽しみ、恋愛、自己表現、レジャー、趣味、投機
第6ハウス	仕事、奉仕、健康、義務、役割、使命感
第7ハウス	パートナーシップ、結婚、仕事の契約相手、人間関係
第8ハウス	人と深く関わる、大組織、深く追求するもの、遺産、お金、性的なこと
第9ハウス	海外、宗教哲学思想、理想、専門的な学問、長期旅行、精神的成長
第10ハウス	社会的ステイタス、キャリア、名誉、縦社会、野心
第11ハウス	友人関係、横のつながり、グループ、ネットワーク
第12ハウス	深層心理、裏社会、精神性、秘密、ローカル、マイノリティ

ハウスとは、天体（星）・サイン（星座）と同じく、ホロスコープを構成する要素のひとつです。産声をあげた瞬間の東の地平線の位置・アセンダントを起点にして、反時計回りに第1ハウスから第12ハウスまで12の区分に分割されています。天体の具体的な活躍の場所（ステージ）を表し、出生時間が4分ごとにこのポイントが1度ずつずれるため、出生時間が不明の場合には、ハウスシステムを使うことができません。

【人物像①】ジョブズの表の顔：自分そのものをブランド化する

ジョブズがデザインやアートにただならぬ関心を寄せたり、気分屋でそのときどきで態度が違ったりするところも、**感受性が強いうお座の性質が強く出ています。**

ノーアスペクトの「うお座」を太陽星座に持つ人は、自分自身をメインテーマに据えて「ブランド化」しようと考える傾向があります。

ジョブズが亡くなった今でも、世間には「アップル＝ジョブズ」という認識がありますが、それはジョブズに圧倒的なカリスマ性があっただけでなく、この太陽ノーアスペクトの影響が彼の人生にそのまま表れています。

ジョブズのホロスコープでは、**太陽が第6ハウスに属しています**（図3参照）。

太陽が第6ハウスにある人は、仕事に忠実で、個人的な願望を、職能的な要求によって犠牲にする傾向があるといわれています。

若い頃にカルト宗教に傾斜して極端な修行をしたり、菜食主義を通したりしたのも、修行や健康を意識するこの第6ハウスの影響と考えられます。

図4 アスペクトについて

角度	アスペクト	特性
0度	コンジャンクション	2つの天体のエネルギーがお互いに融合し、強め合う。アスペクトの中で最も強力なもの。
60度	セクスタイル（ソフト）	少しの努力で調和する。
90度	スクエア（ハード）	摩擦や葛藤を表す。 試練を乗り越えて結果を出すこともある。
120度	トライン（ソフト）	調和的でスムーズ。2つの惑星がお互いのエネルギーを引き出し合う。
180度	オポジッション（ハード）	衝突し、ぶつかり合いながら、お互いがバランスを取り合う。

天体同士が作る特定の角度のことを「アスペクト」といいます。地球から見て同じ方向にあれば0度、真反対の方向にあれば180度となります。詳細にリーディングする際には、アスペクトが最も重要な要素となります。アスペクトには大きく分けて、摩擦や葛藤を表すハードアスペクトと、お互いのエネルギーの良さが引き出され合うソフトアスペクトに分類ができます。

図5 5つのアスペクト

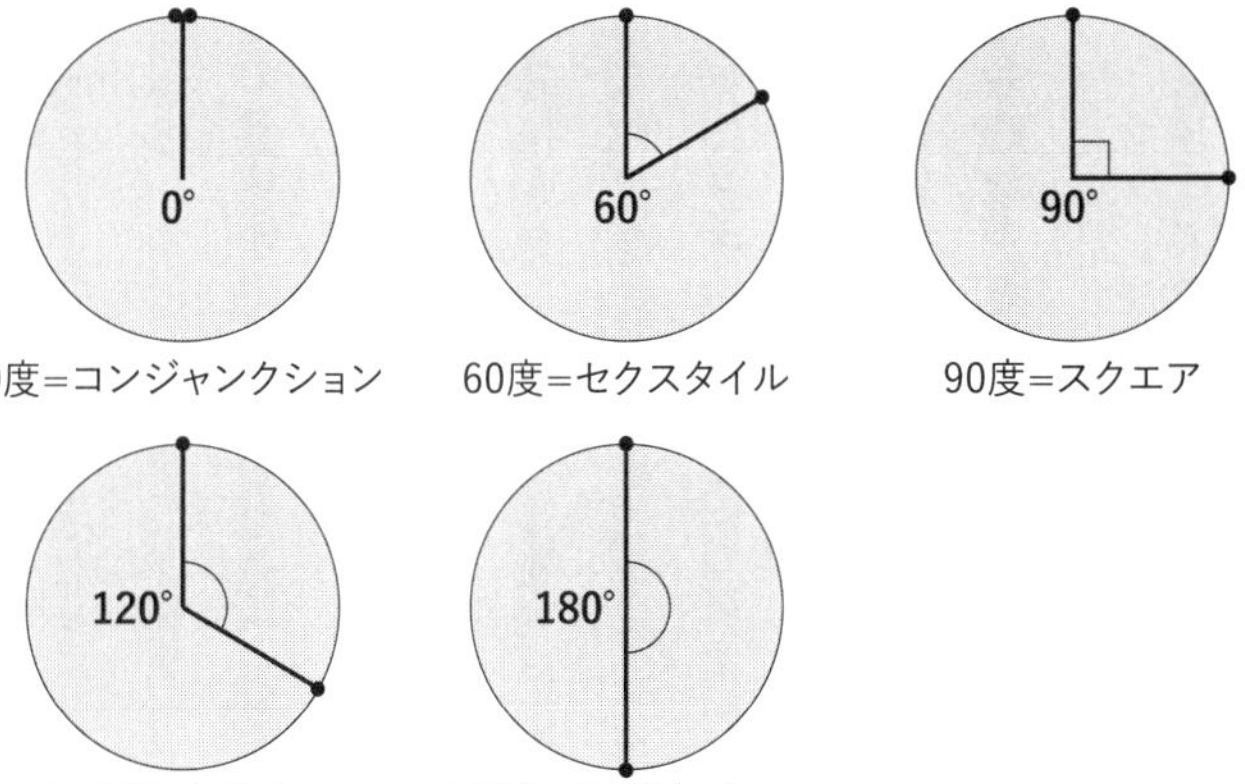

0度＝コンジャンクション　60度＝セクスタイル　90度＝スクエア

120度＝トライン　180度＝オポジッション

【人物像②】ジョブズの裏の顔：せっかちで感情をコントロールできない直情型

ジョブズの裏（パーソナル）の性質を表す月は「おひつじ座」にあり、太陽と同じくノーアスペクトで第7ハウスに位置しています。

ノーアスペクトの月を持つ人は、他者との間で感情の共感が得にくいだけでなく、**人間関係の中で空気を読むことが苦手な性質**とされています。

「おひつじ座」はラフで無防備な性格が特徴であり、感情をコントロールすることが苦手で、**すぐに爆発したり、強い衝動に支配されがちな側面**を持っています。

常に一番でありたいと願い、「世界初」という言葉にトキメキを感じます。

月が位置する第7ハウスは、パートナーの援助によって社会的な経歴が作られる人に多く見られる配置であり、**特定の人に保護されて社会的なチャンスを獲得する**といわれています。

ジョブズの妻ローレン・パウエルは、家族を守り、ジョブズを支えました。

仕事上のパートナーとしては、一緒にアップルを創業したスティーブ・ウォズニアックが極めて重要な存在で、彼なくしてアップルは生まれなかったはずです。
ジョブズは**パートナーに恵まれ、支えられる星配置**だったのです。

【人物像③】不可能なことを「実現可能」と思わせる楽天主義者

ジョブズの振る舞いや言動、演出は「**現実歪曲フィールド**」と評されました。

現実歪曲フィールドとは、1981年にアップル社のソフトウェア・テクノロジー担当副社長バド・トリブルが作った造語とされています。

ジョブズには、巧みな話術とイマジネーションの世界に引き込むようなプレゼンテーションによって、現実の規模感や距離感を歪ませ、目の前の実現不可能な仕事を、実は簡単な作業だ……と思わせる能力があったというのです。


ジョブズのホロスコープには、この現実歪曲フィールドを生み出したベースと思われる星配置が存在します。

グランドクロス(天体の角度が十字架に形成されている)の天体・**火星が、土星外三惑星(天王星、海王星、冥王星)に対してすべてアスペクトを形成している**部分です。

土星外三惑星は、人智を超えた天体といわれており、海王星が非日常的なイマジネーションを膨らませ、天王星がイノベーションを興し、再生能力を持つ冥王星が精力的にそれを実現化していく配置です。

ジョブズのホロスコープでは、グランドクロスが活動サイン（おひつじ座、かに座、てんびん座、やぎ座）に位置していることも大きな特徴です。

これは逆境に強く、激しい変化に遭遇すると活発化する傾向を表しており、**野心家や大富豪に多く見られる配置**といわれています。

ジョブズは、現実歪曲フィールドそのものを持って生まれた男といっても過言ではない星配置を持っています。

【人物像④】滅多に「イエス」と言わない強烈な否定精神の持ち主

ジョブズのホロスコープでは、火星と冥王星がトライン（120度＝天体同士の良さが引き出され合う）を形成しています。

火星と冥王星は否定精神を意味しており、この配置は「イエス」とは滅多に言わず、

まず否定から入るコミュニケーションを物語っています。

「有害なものを除去する」という否定性が強くある配置ですから、恩義がある創業メンバーや右腕であった重役を容赦なくレイオフした背景には、このアスペクトが関係しています。

冥王星は「再生復活」の天体といわれており、凹んだものを見事に再生する底力を持っています。

落ちぶれたアップル社を復活させ、ジョブズ自身もアップル社に返り咲いたのは、この火星・冥王星がトラインの位置関係にある影響といえます。

星配置は、人を惹きつける磁力的な魅力があり、巨大な組織を動かせる指導者としての資質が備わっていることも表しています。

【人物像⑤】ビル・ゲイツにも共通する先進的なムーブメントを興す気質

ジョブズのホロスコープは**木星と天王星がコンジャンクション（0度＝2つの天体**

が隣同士の位置にあり、お互いのエネルギーがブレンドされる）を形成しています。

この配置は、12年から13年に一度生じる形で、この配置が起こるたびに、世の中では希望的な未来像を打ち出すムーブメントが起こります。


このアスペクトを持って生まれた人は、**常に未来に向かって前進する積極性に満ち、先進的なイメージを持つ分野に関わる**ことが多くなります。

博愛や友情という概念が、他の人よりも強く根付いていて、明るく開放的な交友関係を作る傾向にあります。

目の前の状況がいかに暗くても、希望を失うことなく、明るい未来を信じる性質を持っています。


実は、**このアスペクトは1955年生まれの人に共通して見られる特徴**です。

ジョブズと同い年の**ビル・ゲイツのホロスコープにも同じアスペクト**があります。

博愛や友愛をキーワードに、横のネットワークを生み出すインターネットをここまで世界のライフスタイルに根付かせたビル・ゲイツの原動力には、この星配置が影響しています。

【人物像⑥】ダイナミックで破天荒な金銭感覚

ジョブズのホロスコープでは、**海王星はてんびん座の第2ハウス**に属しています。第2ハウスは、金銭や物質、先天的に持って生まれた才能などを表します。

芸術を表す天体・海王星が第2ハウスに入る人は、芸術的な才能を遺伝的に受け継ぐ傾向があります。

海王星はボーダレスな天体のため、金銭に関しては常識が通用せず、**大金を手に入れたかと思うと、一気にすべてを失うなど、激しく変動する傾向**があります。ダイナミックで、破天荒な金銭感覚の持ち主が多い配置といえます。

この星配置を持つ人は、物事を見る目に独特のフィルターをかけるのも特徴です。モノそのものではなく、それを通じて得られるインスピレーションを大切にしていると考えられます。

【人物像⑦】カルト宗教や麻薬など破滅に向かうエネルギーの持ち主

ジョブズのホロスコープでは、**冥王星がしし座の第12ハウス**に属しています。第12ハウスは、神秘性や潜在意識を表しており、このハウスに冥王星がある人は、自我を爆発的に崩壊させ、**形のない「超越自我」の世界へ向かいたい**という強烈な執念があります。

その執念が異常な革命的運動や行動に駆り立てたり、破局的な体験をもたらしやすいともいわれています。

危険な物事に関心を持ちやすく、オカルトや神秘的な事柄に対して強い関心を持つ配置となりますから、歴史に残るような体験を聞かれた際に、違法薬物のLSD摂取体験を挙げるなど、常識に逆らい続けるジョブズの姿勢や、**カルト宗教にのめり込んだ若き時代などは、このハウスに冥王星があることがルーツ**と考えられます。

ジョブズの星配置を見ると、ドラッグや神秘性を表す海王星の影響も強く受けています。海王星と火星（興奮の天体）がオポジッションの位置関係にあると、神秘的なことにのめりこむ傾向があるのです。

HAYA'S VIEW POINT

【早矢の視点②】

西洋占星術の起源については諸説ありますが、世界最古の文明が栄えたメソポタミア地方（現在のイランの一部）の遺跡から占星術に関する文献が大量に見つかっていますから、遅くとも紀元前4世紀には誕生していたと考えられています。

西洋占星術は、長い年月をかけて、先人たちが膨大なデータを蓄積し、それを体系化することで現代に受け継がれてきました。

私たち占い師は、その膨大な蓄積データを手がかりにして、ビジネスパーソンをはじめとして、多くの人たちを鑑定しています。

スティーブ・ジョブズは2011年に56歳の若さで亡くなっていますから、今となっては確認の方法がありませんが、おそらくジョブズ自身も気づかなかったような気質が、今回の試みで浮き彫りになったと考えています。

PART 03 西洋占星術で未来の出来事を予測する

ここからは、ジョブズの生涯を通して、**「西洋占星術が、どのように未来の出来事を予測しているのか?」**について、詳しくお伝えします。

西洋占星術で未来を知る方法には、次のような2つのアプローチがあります。

【アプローチ①】トランジット手法

現在の天体の動きと、「ネイタル・ホロスコープ」(出生図)との絡みで運勢を読み解いていく手法です。

現在の天体と出生図の天体を見比べて、**「どのようなアスペクトを形成しているのか?」**、**「現在は天体がどのハウスに位置しているのか?」**などを手がかりにして読み解いていきます。

公転周期が長い天体(冥王星、海王星、天王星)が出生図の天体に何らかのアスペクトを取るときには、一生に一度あるかないかの大変革をもたらすことになります。

【アプローチ②】プログレス手法

プログレス手法には、たくさんの手法がありますが、最もポピュラーなのが「**一日一年法**」です。

これは、出生図の翌日を一年後の運勢と解釈して占うもので、人は生まれてから常に進化し続けることを前提として、**後天的に興味の対象や性格が変わっていく状況を読み取ることに重点を置いた手法**です。

ここでは、トランジット手法を用いて、ジョブズの生涯から、各年代の人生の「転換期」と思われるターニング・ポイントに焦点を当てます。

西洋占星術の手法で読み解いていくと、ジョブズの身に起こった出来事が、それぞれ必然であったことが理解できます。

◆出来事①1971年(16歳)

生涯の友人ウォズニアックと出会う

盟友スティーブ・ウォズニアックとの出会いがなければ、現在のアップル社は存在しなかったといっても過言ではありません。

ジョブズが**ウォズニアックと出会った1971年のホロスコープには、84年に一度という激レアな変化**が表れています。

電撃的な変化や革命を司る天体・天王星が、私生活や感情を表す天体である月に、オポジッション(180度)の角度を取っているのです。

天王星が、出生図の中のパーソナルな性質を表す天体(太陽、月、水星、金星、火星)に何らかのアスペクト(角度)を取るときは、**運命を左右するような大きな変化が訪れる**と考えられています。

ジョブズとウォズニアックは、出会うべくして出会ったことがわかります。

天空上の天王星は、月にオポジッションを取ると同時に、ジョブズの出生図の水星(知性や思考、技能、仕事やコミュニケーションを表す)に対し、トライン(120度

＝調和し合う）を取っており、彼の思考や仕事観、コミュニケーションに、革命が起こったときであることがわかります。

天王星は発明や発見の天体とされていますが、ジョブズはこの年、ウォズニアックと共に、電話回線を使って世界中どこでも無料で電話をかけられる「**ブルーボックス**」と呼ばれる無料長距離装置を開発しています。

この発明は、後にアップルコンピュータの前身となったと評されていますが、ジョブズにとって、１９７１年は彼の今後の仕事や思考の方向性、生涯の仕事の相棒との出会いを決定づける年となりました。

◆出来事②１９７７年（22歳）「Apple II」を開発して爆発的に大ヒット

１９７７年、ジョブズの出生図では、２４７年かけて太陽の通り道である黄道を一周する影響力の大きい天体・冥王星が出生図の仕事を表す天体・水星に「トライン」（１２０度）を形成していました。

冥王星は、徹底的な「変容」や火事場の「馬鹿力」、「カリスマ」、「大ブレイク」などを表す天体とされており、この天体配置は、**仕事で大きな成果を上げたり、無名の存在だった人が一気にスターダムにのし上がる**際に見られます。

「Apple II」の爆発的なヒットは、この配置が影響しています。

この年は、**仕事を表す水星が164年かけて一度、太陽の通り道である黄道を一周する海王星とセクスタイル（60度）という調和的な角度**を取っています。

海王星は、夢やビジョン、理想が大きく拡大する性質を表す天体です。

「Apple II」の大ヒットをきっかけとして、より多くの人への影響力、仕事へのビジョン、役割などが大きく広がった時期と見ることができます。

◆出来事③1985年（30歳）
アップル社を飛び出し、映像の世界へ進出

30代となったジョブズは1985年5月、当時のCEOジョン・スカリーによってすべての業務から解任されて閑職へと追いやられ、同年9月にアップル社を去るなど、激動の時代を迎えています。

このとき、ジョブズのホロスコープでは、**大変革を表す天体・冥王星が生き方の指針を表す天体・太陽に対してトライン(120度=調和する)**を取っていました。

これは、生き方の方向性が大きく変わる、大転換期といえます。

翌1986年には、ルーカスフィルムのコンピュータ・アニメーション部門を買収して、アニメーション制作会社の「ピクサー・アニメーション・スタジオ」を設立していますが、これも同じ星配置の影響を受けています。

冥王星は公転周期が最も遅い天体であり、動きが鈍く、3年ほどはオーブ(許容度)といわれる天体の影響がある圏内に鎮座するため、ジョブズは変わるべくして変わったと見ることができます。

この時期、ジョブズのホロスコープでは、映像や芸術を表す**海王星が数多くの天体とアスペクトを形成**しています。

「縁《えん》」を表すドラゴンヘッド(月と太陽が交差するポイント)にコンジャンクション

（0度＝2つの天体が隣同士に位置して強力にブレンドされる）、アピールを表す火星にトライン（120度＝調和的な角度）、太陽にセクスタイル（60度＝少しの努力で調和する）、月にスクエア（90度＝摩擦や葛藤）など、**この星配置はこれから映像の世界に参入することを示唆**しています。

革命を表す天王星が、仕事を表す太陽にセクスタイル（60度＝少しの努力で調和する）の配置にあったことにも大きな意味があります。

これは仕事の方向性が変わるときや、何か新しい動きを始めることを示しており、**ジョブズがピクサーを起ち上げたのは、この天王星の影響**と考えられます。

ジョブズのホロスコープでは、太陽の通り道である黄道を約30年かけて一周する土星が、出生図の最初の位置に戻っていることも確認できます。

これは、「**サタンリターン**」（**土星回帰**）と呼ばれる動きですが、サタンリターンを迎えると、多くの人が転職や結婚、出産などによって、人生の方向性を大きく変える傾向にあります。

ジョブズがアップル社を飛び出し、映像産業という異業種に参入したのは、このサタンリターンが大きく影響していたようです。

◆出来事④２００７年（52歳）
「iPhone」を発売して最後の伝説を作る

この年、ジョブズのホロスコープでは、一周２４７年を要する公転周期が最も遅い**天体・冥王星が、出生図の火星（やる気、行動力を表す）にトライン（１２０度＝調和的な角度）**を形成していました。

冥王星は、「カリスマ」、「徹底さ」、「根底からの変容」、「再生復活」を表します。この星配置は**最もパワフルで躍動的な時期**を示しており、「iPhone」の発売はアップル社だけでなく、ジョブズ自身の復活を実現させています。

ホロスコープの10ハウスの「カスプ」（入口）に当たるポイントを「ＭＣ」といい、後天的なアイデンティティやキャリアの軸と考えられていますが、この時期のジョブズのＭＣは**夢やビジョン、理想を表す天体・海王星がトライン**（１２０度＝調和的な角度）を取っていました。

この星配置から、ジョブズは「iPhone」の発売に、これからの夢やビジョンを託していたことがわかります。

ジョブズのMCには、海王星だけでなく、忍耐や責任感によって自分の立ち位置を固めていく**天体・土星もセクスタイル（60度＝少しの努力で調和する）**を取っていました。

これは、ジョブズのステイタスが強固になったことを示しています。

それと同時に、**木星が感情や私生活を表す天体・月にトライン（120度＝調和的な角度）**を形成しています。

木星は、社会性や拡大、発展、理想を表す天体ですから、ジョブズの気分は高揚し、改めて大いなる理想を掲げることになりました。

HAYA'S VIEW POINT

【早矢の視点③】

今回は、ジョブズの生涯を通して、ターニング・ポイントとなった時点の運勢を占いましたが、ここで紹介できたのは実際の鑑定内容のごく一部です。

本来であれば、10天体すべての動きを網羅して、より詳細な鑑定内容をお伝えしたいところですが、膨大な分量になってしまうため、大幅に割愛して、ほんの一部を紹介することに留めました。

私たち西洋占星術の占い師は、こうした手法を駆使して、相談者の未来を占っています。

「未来予知」というと、オカルト的と感じる人もいるかもしれませんが、西洋占星術のルールと知識をマスターすれば、誰にでも星配置を予想することはできます。

そこから、星のメッセージを読み解き、それを言語化して、相談者の人生にどんな運命が待ち受けていると伝えるか、どんな有益なアドバイスを提供できるのか……。

そこが、占い師にとって一番の腕の見せどころであり、スキルや知識、経験の差が如実に表れる部分でもあるのです。

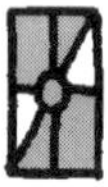

第4章

この悩みは
この占いで解決！
占いの4分類

一つの占術だけで、あらゆることを占えるわけではない

ここまでは西洋占星術を中心に「占いとは何か？」をお伝えしてきましたが、この章では、幅広く占いの全体像に目を向けます。

占いには数多くの「占術」があり、その思想や占い方、考え方は千差万別です。占い師はそれぞれ得意な占術を用いて鑑定をしますが、占術にはそれぞれ「持ち味」があり、向き不向きがあります。

言い換えれば、「**一つの占術だけで、どんなことでも占えるわけではない**」ということです。

私の場合は、相談内容に応じて、西洋占星術とタロット占いを使い分けたり、組み合わせて使うこともあります。

「相手の気持ちを知りたい」とか、2つの選択肢の中から「どちらを選ぶか？」といったケースではタロット占いを選択します。

持って生まれた性格や才能、適性を鑑定したり、長期的な人生の転機や運勢を占う

場合には、西洋占星術が適しています。

占術の種類やそれぞれの特徴を知っておけば、自分で何か相談事がある際に、**「どの占術の占い師に見てもらえばいいのか？」**を判断することができます。

占術は大きく次のような4種類に分類されています。

【分類①命術《めいじゅつ》】西洋占星術、四柱推命《しちゅうすいめい》、九星気学《きゅうせいきがく》など
【分類②卜術《ぼくじゅつ》】タロット占い、易《えき》など
【分類③相術《そうじゅつ》】手相占い、人相占い、家相占いなど
【分類④その他】開運占い、霊術占いなど

占術の分類法には「西洋占い」（西洋占星術、タロット占いなど）と、「東洋占い」（四柱推命、九星気学、易など）の2つに分ける考え方もありますが、ここでは基本の4分類に従って順に特徴を説明していきます。

分類01 命術

生まれた瞬間の情報をもとに「運勢」や「転機」を占う

命術（命占）は、生年月日や出生場所など、生まれた瞬間に定まる不変的な情報をもとに占う占術です。

生年月日や出生場所は固定された情報ですから、西洋占星術の場合と同じように、何度占っても、その結果が変わることはありません。

人が生まれつき持っている性格や才能、将来的に訪れる運勢や転機などを占うのに適しています。

【命術①西洋占星術】「恋愛」「人間関係」「金運」など幅広いテーマを占う

すでに詳しくお伝えしていますが、西洋占星術は、生年月日、出生時刻、生まれた場所をもとに、生まれ持った才能や性格、恋愛、適職、人間関係、金運など、幅広いテーマが占えます。

今現在の天体と出生時の地球から見た天体配置や出生図との絡みなどによって、**これから起こる運勢も読み取る**ことができます。

ウェブやテレビ番組の占いコーナーで扱われている西洋占星術は、誕生日だけで12星座に振り分けて占っていますが、**これは10天体のうち太陽のみで占う簡易的な形式**であるため、本来の西洋占星術に比べると精度はかなり下がります。

【命術②四柱推命】「才能」や「適性」を見るのに適している

四柱推命は、陰陽五行説を基にして古代中国の宋時代(960年〜1279年)に生まれた占術です。

四柱推命では、生年月日と誕生時間を「**年柱**」「**月柱**」「**日柱**」「**時柱**」という4つの柱で表現し、それらの組み合わせから「命式」と呼ばれる表を作成します。

この命式をベースにして、宿命や運勢を占います。

4つの柱を持つことから、「四柱推命」という名前が付けられました。日本でも多くの人によって研究され、解釈が異なる多数の流派が存在します。

一生の運気や健康、人との相性などを幅広く占うことができますが、その中でも「才能」や「適性」を見るのに適しています。


答えがハッキリと出る占術のため、「今の仕事は向いているか？」という相談に対して「まったく向いていない」という結果が出ることもあります。

四柱推命を扱う占い師には、そうした際のフォローやアドバイスも必要なスキルとされています。

難解な部分が多い占いですから、学問として占術を極めたい人や、研究者気質の人に向いている占術といえます。

【命術③九星気学】「方位」を利用して「運気」を引き寄せる

九星気学は、中国の五行と方位学の思想を基にして日本で生まれた占術です。

この占術では、大自然から受ける気の影響を、「**九星**」、「**干支**《えと》」、「**五行**」の組み合わせによって占います。

九星は生まれた年によって一白水星、二黒土星、三碧木星、四緑木星、五黄土星、六白金星、七赤金星、八白土星、九紫火星という9つの星に分けられ、それぞれの性格や運勢を占います。

五行は木火土金水という5つの元素ですべての関係性を分類し説明します。

九星気学は「**動の運命学**」ともいわれ、方位を利用して運気を開くことを重視しています。

吉方位や凶方位を判断し、その人にとっていい方位に動くことで運気を開くことを目指しており、引っ越しや旅行などの移動の際によく利用されています。

生まれ持った運勢を占うだけでなく、「**いい運気を引き寄せるためには、どのように行動すべきか？**」など、開運のために持ち歩くべきものなども積極的にアドバイスしています。

自分の運勢を変えるためには、本人の努力が不可欠ですが、がむしゃらに努力するだけでは必ずしもいい結果にはなりません。

人間には宿命がありますが、それをそのまま受け入れるのではなく、自らの運命を積極的にいい方向に変えることができる点が九星気学の神髄といえます。

分類 02 卜術

自分の中の「無意識」の声に気づかせる占い

卜《ぼく》術は、**「偶然性」の中に「必然性」を見出す**占術です。

「タロット占い」や「易」が卜術の代表的な占術ですが、いずれも特定の情報には基づかず、相談者の質問に対して出た「カード」や「卦《け》」によって答えを導き出します。

卜術は約3000年前から存在しているといわれ、最初はカメの甲羅の亀裂を用いて占っていたとされています。


人間の潜在意識には、未来を察知する能力があると考えられていますが、それを自覚することはほとんどありません。

自分の内部から発せられる**無自覚の声を「メンタルシグナル」**といいますが、卜術はそのメンタルシグナルに気づく「きっかけ」を作ってくれます。

例えば、友人とお茶の約束をしていたのを、うっかり忘れていたとします。その約束のことを、テレビのお茶のＣＭを見ていて急に思い出す……という感覚に近いと思います。

お茶というキーワードが潜在意識に信号として送られることによって、大事な約束に気づくことができるのです。

卜術は、心の奥底にあって、自分でも気がつかない潜在意識の合図を感知できる「**気づきを促すツール**」といえます。

卜術は、個人の性格や才能、人生を司る宿命など、あまり変化のない要素を占うことには向いていません。

「**人の気持ち**」**や、この先の**「**運勢**」**、自分の行動の**「**吉凶**」**など、時間と共に刻々と変**

化する事柄を占うのに適しています。

別の見方をすれば、「命術」で占い難い要素ほど、卜術の得意分野となります。

【卜術①タロット占い】差し迫った具体的な「悩み」に適している

タロット占いとは、**人物や事象が描かれた「大アルカナ」22枚と、4種類のシンボルが描かれた「小アルカナ」56枚**の計78枚のカードを使う占いです。

小アルカナはトランプの原型とされており、18世紀以前は、占いの道具としてではなく、**ギャンブルの道具**として使われていました。

それぞれ別の時代に発祥したものですが、ある時期に合体したといわれています。

大アルカナだけで占うことも可能であり、それらを合体して占う場合でも、さまざまな占い方があります。

基本的には、カードをシャッフルし、質問に応じて最適な展開法を選択します。

そこで出たカードの絵柄や位置から、その意味を読み取っていきますが、**カードは**

正位置や逆位置によっても意味が異なります。

現在では500種類以上のタロットカードが販売されており、大きく分けると、**現代タロットの「ウェイト版」**系統と、16世紀から18世紀頃のヨーロッパで大量生産されていた**古典タロット「マルセイユ版」**系統の2種類があります。

ウェイト版は、1909年に魔術に関する著書を数多く執筆したイギリスの文筆家で、秘密結社の一員でもあったアーサー・エドワード・ウェイトが、画家パメラ・コールマン・スミスに描かせたことから、この名で呼ばれています。

タロット占いの起源については、古代エジプト説、ユダヤ説、インド説など諸説があり、秘密の教義として使われた道具らしく、神秘のベールに包まれています。寓意画や暗号、人民が守るべき徳目を後世に残すために作られたと考えられていますが、その目的や由来も明らかではありません。

14世紀頃のルネサンス期に作られたとされる最古のタロットカードが、フランスのパリ国立図書館に保管されています。

日本にタロットが入ってきたのは、1974年頃で、一般化したのは1980年代に入ってからです。

歴史が浅いにも関わらず、日本で高い人気を得た理由は、**占術としての明快さだけでなく、美しく神秘的な絵柄**にも理由があります。

タロットカードには、魔術師や女帝、月や恋人たちの戯れなど、幻想的な絵柄が描かれていますが、精神学者の研究によって、タロットカードの絵柄には人間の脳の深層部に働きかけて、脳波の活動を活発にする効果があることが明らかになっています。

タロット占いは、「今後どのような人生を送るか？」といった遠い未来の漠然としたことではなく、数カ月先の自分の運気の流れを知り、気づきや方向性を得たい場合に役立ちます。

その他にも、**「この人は自分をどう思っているか？」とか、「A社とB社のどちらを選ぶか？」といった差し迫った悩みの答えを導き出すことにも適しています**。

カードの絵柄や割り当てられた数字から、どのように答えを組み立てるか……は占い師の直感や主観が影響するため、そこから得られる答えは、占い師のスキルに大きく左右される傾向があります。

【卜術②易】現状をいい方向へ導くための「指針」が得られる

易は古代中国(紀元前1600〜221年)で誕生したとされる占術です。その根本には「**陰陽**《おんみょう》**思想**」があります。

万物のすべてはプラス(陽)とマイナス(陰)から成り立っており、陰陽の状態を表す「卦《け》」から事象の変化を読み取る……とされています。

中国最高の哲学書といわれる『易経』を根本経典にしていますが、これは伝説上の帝王といわれる伏羲《ふくぎ》が「八卦」(8つの基本図像)を作り、黄帝が発展させ、孔子などの先哲がまとめたものといわれています。

単なる占いではなく、そこには哲学的な考え方が反映されているため、「**東洋占術の帝王**」と呼ばれています。

日本には、飛鳥時代（592〜710年）から奈良時代（710〜794年）の間に伝わったとされており、**『易経』に記されている言葉が日本の元号（年号）の由来**となっています。

現在では少なくなりましたが、昭和の時代には、街角に小さな机を出して客を待つ「易者《えきしゃ》」（占い師）の姿を、日本のあちこちで見かけることができました。

易者が占いに使用する道具は**「筮竹《ぜいちく》」と呼ばれる50本の細い竹の棒**です。

心の中で占いたいことを思い浮かべながら、筮竹をじゃらじゃらと混ぜ、それを左右の手に分けて二回行うことで、64通りの結果を導くことができます。

易者は、その結果から未来を読み解いていきますが、八面体のサイコロを使う「略《りゃく》筮法《ぜいほう》」や、コインの裏表を使って占う「擲銭法《てきせんほう》」などの手法もあります。

他の卜術と同じく、易の場合も偶然の結果に意味があり、その歴史的背景から哲学的な啓示が得られると考えられています。

「この会社での自分の将来は？」といった具体的な事柄について、**現状をいい方へ導くための指針を得るのに適して**います。

遠い漠然とした未来のことや、生まれ持った性格や適性について導き出すには向いていない占術といえます。

分類03 相術

物の形状や様相から「性格」や「運勢」を占う

相術は、**物の形や様相から占い**を行う占術です。

代表的な相術には「手相占い」や「人相占い」、「家相占い」などがあり、姓と名を構成する文字の画数やバランスで占う「姓名判断」も相術の一種と考えられます。

相術の歴史は古く、中国では紀元前3世紀頃から行われていたといわれています。インドでは数千年前に手相占いが行われていたといわれ、古代ギリシャでも人相占い学が盛んであったという記録が残されています。

相術は一般的に、**自分自身や他人の性格、運勢を知りたいとか、自分の人生をいい方向に導きたい**と考えている人に適しています。

【相術①手相占い】自分の「長所」や「短所」を客観的に把握できる

手相占いは、古代インドから始まり、中国を経てヨーロッパに広まった占術です。手のひらの「線」や「形状」を通じて運勢や性格を占います。

手のひらには、基本線として「**生命線**」、「**頭脳線**」、「**感情線**」、「**運命線**」の4本があり、これらの線や細かな線、指の形状や厚み、柔らかさなどを総合的に見て、これからの運勢や自分の性格を読み解きます。

手相は人それぞれ異なる独自の特徴を持っており、**脳が予測したり、実感したりすることが反映される**といわれています。

優れた占い師は、手相から「才能」や「性格」、「将来の展望」、「身体状況」などを読み解くことができます。

手相は考え方や行動によって変化するものですから、現状がよくない場合は、注意が必要な時期と捉え、努力や改善を行うことで乗り越えることができます。

手相占いでは、**左手と右手は異なる意味を持っており、左手は無意識の性格や先天的な才能を表し、右手は意識的に変えた性格や後天的な才能**を示しています。

基本的には、両手を総合的に見ることで占いの精度を高めています。

手相占いのメリットは、自分自身の**長所や短所を客観的に把握できる**ことです。

自分の本質を認識し、「いい相」がある場合はその特徴を強める方向に、「悪い相」がある場合は、生活や行動を改善することで、人生にいい影響が生まれます。

手相から得られるアドバイスやヒントを活用することで、適切な環境を選択し、人間関係を円滑に導くことができます。

【相術②人相占い】顔立ちや表情、仕草から「性格」や「運勢」を占う

人相占いは「観相占い」とも呼ばれ、「**人の顔つきには、その人のすべてが表れる**」という考えをベースにして、統計学から生まれた占いです。

その起源は4300年ほど前の古代中国といわれていますが、西洋でも古くから人

相占いが盛んに行われ、古代ギリシャではヒポクラテス、アリストテレス、プラトンなどが「古代西洋人相学」の基礎を築いています。

18世紀には、スイスの思想家ラヴァーターがそれまであった多くの文献をまとめた『人相学断章』を著し、それをもとにドイツの医学者クレッチマーなどが、現代科学の側面から人相の研究を進めています。

人相占いでは、「顔立ち」や「表情」、「話し方」、「仕草」から、その人の性格や運勢を判断します。

「眉」は意志の強さ、「目」は精神状態、「唇」は知性などを表すといわれています。

人相占いは、好きな異性との相性を調べるときにも活用できます。

ビジネス相手と良好な関係を築くために使っている人もいます。

人相占いは、四柱推命のような出生年月日や生まれた時間が必要な占術とは異なり、占う対象者の顔の「見た目」だけで占うため、**生まれた時間などの基礎データがわからない人でも、すぐに占う**ことができます。

経験豊富な優れた占い師による人相鑑定では、占術を受けに来た人の細かい表情まで詳細に観察し、その人の性格や運勢を正しく読み取ることができます。

【相術③家相占い】家の形や間取りから、「吉相」と「凶相」を判断する

家相占いとは、家の形や間取り、配置、環境などの立地条件から、**「吉相」と「凶相」という観点で住人の運勢を判断する**占術です。

家相の考え方は古代中国の陰陽五行思想に由来し、日本に伝わって家相と呼ばれるようになりました。

風水が「気の流れ」や「自然エネルギー」を考慮して運気を上げる考え方なのに対して、**家相占いは各場所において吉の条件と凶の条件を判断**します。

家相占いでは、家の「形」や「間取り」、「玄関の位置」、「窓の数」、「日当たり」、「家具の配置や色彩」などによって、吉相と凶相に分かれます。

長方形の四角い形や南向き、玄関が中心にある家は吉相とされますが、三角形や五

角形、北向き、玄関が家の端にあるなどは凶相とされます。

これらの要素がバランス良く調和することで、いい運気が流れ、住人の幸福や成功を引き寄せると考えられています。

家相占いは、**引っ越しや家の建て替えの際に多く利用されます。**

家相占いに科学的な根拠はありませんが、家相を重視して家を建てたり、間取りを変更したりすることで運気が上がったという人は実際に数多くいます。

家相は地域や時代によって考え方が異なるため、家相を調べる際には、自分を取り巻く状況や環境を考慮した上で参考にすることが大切です。

分類04 その他
「運気」を高める開運占いと「霊的な存在」を読み込む霊術占い

ここまで「命術」、「卜術」、「相術」についてお伝えしてきましたが、この3つの分類に属さない占術も数多く存在します。

その代表格が、「**開運占い**」と「**霊術占い**」となります。

それぞれの特徴や持ち味を詳しくお伝えします。

【その他①開運占い】運の流れを自分に有利な方向に引き寄せる占術

開運占いとは、運気を高めて、人生の成功や幸福を引き寄せる占術です。

運気は日常の行動や生活環境に影響を受けるため、流動的なものと考えられていますが、**開運とは運の流れを自分に有利な方向に操作する試み**を意味します。

環境の調整(風水)、特定の行為(祈り、おまじない)、精神的な態度(ポジティブ思考、自己啓発)などによって、それが可能になります。

開運の考え方は、個人の信念や価値観によって、さまざまな解釈ができますから、あらゆる方法で自分なりの幸せを導き出すことが大切です。

【開運占い①風水】身の回りの環境バランスを保つことで「運気」を上げる

風水占いは、今から約4000年前に中国で発祥した**「気」の力を利用した環境学的な占術**です。

風水占いは「陰陽理論」と「五行思想」の考えに基づいており、衣、食、住、行動など、自分の環境のすべてを使って運を開いていく「開運のメソッド」といえます。

陰陽理論は**「陰」（暗い、受け身、冷たいなど）**と**「陽」（明るい、活動的、暖かいなど）**という2つの相反する要素によって形成され、風水占いでは「陰と陽のバランスを保つ」ことが大切と考えられています。

五行思想は天地を構成するすべての物は「五行」から成るという考え方で、五行とは「木」、「火」、「土」、「金」、「水」という5つの元素で成り立っており、風水占いでは、この5つの元素をバランスよく取り入れることが大切とされています。

風水占いには数多くの流派がありますが、大きく2つに分けることができます。

実地の調査よりも占いの判断を重視する「**理派**」と、占いよりも地形を詳しく調査して判断を下す「**形派**」です。

それぞれの中でも、さらに派閥が細分化されていますが、占いを重視する「理派」には、「気学」や「易」、「東洋占星術」を取り入れている流派もあります。

風水占いは、独自の理論に基づいて、自分の身の回りの環境バランスを保っていくことで運気を上げることを目指しています。

環境に配慮した建築設計や、バランスの取れたインテリアデザイン、自然との調和を重視したガーデニングなど、風水を正しく理解して生活環境を整えれば、より快適でポジティブなエネルギーに満ちた生活を送ることが可能になります。

【開運占い②奇門遁甲】方位の気の力を取り込み、「運気」を高めて開運

奇門遁甲《きもんとんこう》とは、特定の時刻に目的に合わせた方角に移動することによって、その方位の気の力を取り込み、運気を高めて開運を実現する……という占術です。

特定の時刻や日、月、年とそれぞれの方位を「五行」と結びつけて運勢を占います。

奇門遁甲の「門」とは、「**開門**」「**死門**」「**景門**」「**杜門**」「**傷門**」「**生門**」「**驚門**」「**休門**」の8つの門を表しています。

基準となる土地の中心から、八方位にそれぞれ門があると仮定し、それぞれの方位にどのような気が巡るのかを調べるのです。

奇門遁甲では、時間と空間が深く関連しており、特定の時間帯や方位には特別な「気」や「エネルギー」が存在し、それが人や物に影響を及ぼすとされています。

奇門遁甲では、次の3つの要素が重要と考えられています。

①「**天蓬**《てんぽう》**九星**」　天蓬星、天任星、天冲《てんちゅう》星、天輔《てんほ》星、天禽星、天心星、天柱星、天英星、天殺星という9つの「星」を指す

②「**八門**」　人間の生活に影響を及ぼすと考えられている8つの「門」を指す

③「**八卦**」　天、沢、火、雷、風、水、山、地の8つの「自然現象」を指す

奇門遁甲は、「星」、「門」、「自然現象」という3つの要素を軸にして占い、相談者を開運に導きます。

新たな事業を始めるための適切な時期や、旅行の出発時間、行き先の選択などの際に活用されることが多い占術です。

【その他②霊術占い】「前世」や「因縁」を霊感を頼りに読み込む

霊術占い（スピリチュアル・リーディング）とは、理論や統計に頼らず、**普通の人では見ることができない霊的な存在やオーラなどを、占い師が霊感を頼りに読み込んで占う**占術です。

一部の占い師や霊能者、霊媒師と呼ばれる人たちが得意としており、人の気持ちや前世、家系の因縁など、相談者が知りたい情報を、相談者や占いたい相手の潜在意識、守護霊などとの対話によって伝えることができるといわれています。

霊感を使った占いは、占い師以外にはそれが本物かどうかわからないため、不必要に相談者の不安を煽ったり、高額商品などを売りつける詐欺事件もたびたび発生しています。

【霊術占い①霊視占い】霊能力者が「悩み」を解決したり、未来を「予知」する

霊視占い（スピリチュアル・リーディング、オーラ・リーディング）は、霊術占いの代表格であり、**人のオーラや霊魂を感じる能力がある占い師や霊能力者が、その力を駆使して相談者が知りたいことを探る**占術です。

霊視占いには、たくさんのアプローチの仕方があります。

①「透視」、「透聴」、「遠隔視聴」をする
②意識の周波数を変えながら、「見える」、「聞こえる」、「感じる」、「香りがする」などの感覚を駆使する
③目の焦点をずらしながら、見えるものや色などを読む
④第三者の視点から物事を見たり、聞いたりする

霊能者によって、どれかを主軸としたり、複合的に組み合わせることもあります。

霊視は悩みを解決したり、未来を予知するために使われています。

霊能者は、**異次元の存在と交信することや、霊界からのメッセージを受け取る**ことができるといわれています。

霊視は科学的に証明されたものではありませんが、多くの人に支持されており、テレビや映画などでも霊視の力を持つ人物が活躍する姿が世界中で見られます。

【霊術占い②チャネリング】超越的な存在からのメッセージを受け取る

チャネリングは、「チャネラー」と呼ばれる霊媒者（スピリチュアリスト、スピリチュアルカウンセラー）が、**高次の存在や宇宙人、死者などの超越的な存在と交信し、そのメッセージを受け取る**ものです。

チャネリングは古代から存在しており、さまざまな文化や宗教において実践されてきました。

チャネラーがトランス状態に入り、霊的な存在がその身体を借りてメッセージを伝えることもあれば、直感や洞察力を通じて情報を受け取ることもあります。

チャネリングの目的は、実際に起こっている問題の解決法や、個人的な成長や啓示の獲得、宇宙的な真理の追求、癒しやガイダンスの受け取り……などとされています。

チャネリングは単なる情報の受け取りだけでなく、**エネルギーの受け渡しや、癒しのプロセスを含む場合**もあります。

チャネリングを依頼する場合は、チャネラーがしっかりとした知識を体得しているかを見極めることが大切です。

どの時空層に通じているかは、チャネラーの精神的な成長度や能力、スキルに比例するといわれていますから、その人間性も含めて、信頼できるチャネラーを選ぶことが大切です。

第5章

占い師を選ぶ際の
7つのチェックポイント

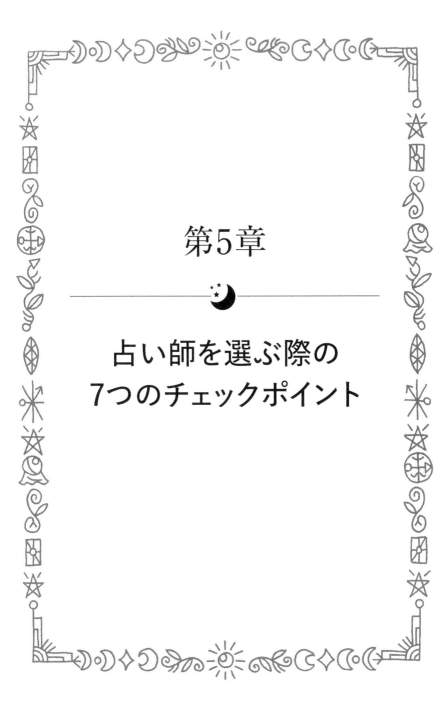

ビジネスパーソンが占いに目を向ける5つの理由

最終章では、占いを上手に活用するためのポイントや注意点を紹介します。占いを上手に使えば、気持ちが前向きになって、仕事の効率がアップします。悩みや不安を解消できれば、明るい気分で毎日を過ごすことができます。占いをどう活かすかは、すべて使い方や向き合い方次第です。

仕事ができる優秀なビジネスパーソンは、占いを上手に活用しています。私のところに定期的に相談に訪れるビジネスマンやビジネスウーマンは、次のような5つの「目的意識」を持っているようです。

①判断に迷ったときに、考え方の「ヒント」を得る
②周囲には話せない愚痴をこぼして「ストレス」を発散する
③プレッシャーで追い込まれているときの「ガス抜き」にする
④この先のキャリアビジョンの「指針」にする

⑤1年間の行動計画を作る際の「参考」にする

毎年の健康診断を受けるような感覚で、年末年始になると、翌年やその年の自分の運勢を知るために相談に来る人も少なくありません。

自分の健康状態をチェックするのと同じくらい、自分の運勢を強く意識しているのです。

仕事ができるビジネスパーソンは、何か判断に迷うことがあっても、「どうしたらいいのか？」とは聞いてきません。

占いに結論を求めるようなことはなく、「こう動いたら、どうなるのか？」とか、「こうしようと思っているが、その先に起こることは？」など、あらゆる角度から、**今後の可能性を探ろう**としています。

最初に自分の考えがあり、その実現可能性を見極めるための「判断材料」や「参考意見」として、占いを活用しているのです。

欧米であれば、精神科や心療内科の医師に相談するような「**ストレス発散**」や「**精神的なガス抜き**」**なども、ここ数年の間にすっかり占いの領域に入っています。**

日本人にとって、精神科の敷居は想像以上に高いのが現実ですが、ある相談者はこんな経験を話してくれました。

「仕事のプレッシャーのため眠れない日が続いていたので、勇気を出して精神科のクリニックを訪問したところ、3分くらい話をしただけで、薬を処方されて終わりました」（大手商社・30代男性）

精神科のカウンセリングでは、「傾聴」（話を聞く）、「受容」（話を受け入れる）、「共感」（話に同意を示す）の3つは基本中の基本とされていますが、現実的には必ずしも医師が丁寧に話を聞いてくれるとは限りません。

こうした体験に懲りて、病院ではなく、占いに駆け込む人が増えている……というのが、偽らざる実情です。

占い師と相談者の関係は「商売人とお客さん」ではない

特定の占い師を定期的に訪ねることには、大きなメリットがあると思います。

一番のメリットは、相談内容について、**「その後、どのように事態が変わったのか？」**を検証できることです。

判断は、本当に正しかったのか？

もっと他の選択肢があったのではないか？

仮にリモートであっても、占い師と相談者が顔を突き合わせて何度も話し合うことによって、問題の本質を深いところまで検討することができます。

占い師にとっては強烈なプレッシャーを感じる局面ですが、責任を持って占っている以上は、こうした重圧は当然のことだと考えています。

「当たった、外れた」の二元論で考えるのではなく、お互いの考えを忌憚《きたん》なく交換することができれば、改めて善後策を講じることができます。

1回の相談だけで簡単に済ませられるほど、現代のビジネスパーソンが直面している問題はシンプルではありません。

占いというツールを上手に活用するためには、**占い師と相談者が同じ方向を見つめながら、何度も繰り返し話し合うことが不可欠**だと考えています。

占い師と相談者の関係は、「商売人とお客さん」ではなく、お互いが腹を割って話し合える**「パートナー」であることが理想**です。

もう一歩踏み込むならば、同じゴールを目指して一緒にマラソンを走る「ランナーと伴走者」のような関係である必要があります。

そのためには、「お互いが信頼し合える関係性」を築けるような占い師と出会うことが大事なポイントとなります。

「こんな相談するのは恥ずかしい」とか、「変なヤツと思われるのではないか?」とためらう気持ちもあるかもしれませんが、そんな心配は不要です。

経験豊富な占い師であれば、どんな相談をされても、動揺したり、色眼鏡で見ることは一切ありません。

世の中には、相当にシリアスな悩みを抱えて相談に来る人がたくさんいます。

・不倫相手の子を妊娠した。中絶すべきか？
・子供の散財で督促状が届いた。支払いを辞めて破産させるべきか？
・彼氏が薬物中毒で逮捕された。別れた方がいいだろうか？

こうした相談は日常的に普通にあることですから、あまり深刻に考えたり、相談を躊躇する必要はありません。

相談することに悩んでいたのでは、まさに本末転倒ですから、「**どうすれば、自分は前向きな気持ちになれるのか？**」という一点を考えるだけで十分です。

占い師を選ぶ際の7つのチェックポイント

日本で占い師を名乗っている人の数は、1万人とも2万人ともいわれています。正確な数はわかっていませんが、最近はオンライン上で活動する「ネット占い師」が爆発的に増えていますから、占い師を名乗る人の数は急激に増えています。

大都市であれば、「占いの館」のような占い師が何人もいる施設があったり、デパートや駅ビルの一角に占い師が常駐しているところもありますが、地方の場合は遠方まで足を運ぶか、オンライン鑑定となります。

時間に制約のあるビジネスパーソンであれば、最初は対面で鑑定を依頼し、それ以降は予約を取ってオンライン鑑定を申し込むのが無難かもしれません。

自分の周りに「占いフリーク」の友人がいれば、おそらく目が肥えているでしょうから、相談してみるのもいいかもしれませんが、もしいなければ、**腕の確かな占い師を自分の力で探す**ことになります。

ネットのレビューや口コミは、思惑がらみの罵詈雑言が溢れていますから、鵜呑みにするのは禁物です。

レビューを参考にする際は、冷静に内容を吟味することが大切です。

自力で最初の一歩を踏み出す際は、1回目の鑑定によって、**長く付き合える占い師かどうかを見極める**ことが大切です。

その基準は、次の7項目がチェックポイントとなります。

①確かな知識と経験を持っているか？
②相談者の話を丁寧に聞いて、きちんと理解しているか？
③前向きな話ができたか？
④解決策が得られて、悩みを解消できたか？
⑤不快な思いをしなかったか？
⑥予約から鑑定、アフターフォローまで、対応に問題はなかったか？
⑦何度も顔を合わせて、この先も話し合っていけるか？

この基準をすべてクリアできない占い師と付き合っていても、時間と労力とお金を無駄にするだけです。

素早く見切りをつけて、他の優秀な占い師を探し出すことが大切です。

占い師に資格は必要なく、そのスキルも千差万別

占いは占い師の能力やスキルがダイレクトに影響しますから、自分の好みの占術を選ぶ場合でも、占い師の実力を抜きにして考えることはできません。

占い師のリアルな現実を知っておくことも、占いを上手に活用するためのポイントとなります。

正直にお伝えすると、日本で占い師になるためには何の資格も必要なく、**少し勉強するだけで、誰でも簡単に占い師を名乗ることができます。**

真摯に研究を積み重ねている占い師がいる一方で、ＯＬや主婦がお小遣い稼ぎのために片手間でやっているケースも少なくありません。

同じように占い師を名乗っていても、まさに「玉石混交」の世界です。

アメリカやイギリスなど、欧米の国々では研究団体が目を光らせているため、しっかりとしたガイドラインが確立されていたり、国家資格になっているところもありますが、日本の場合は「野放し」の状態が続いています。

日本では、占いの技能を図る基準や目安がないため、**その実力は千差万別**です。ショッピングモールの一角などに出店している占い師には、週1～2日だけ、お小遣い稼ぎで占いをやっている人が少なくありません。風変わりなアルバイトみたいなものですから、経験が浅く、本気度やスキルが低い占い師も珍しくありません。

5分から10分の相談で、料金も1000円から2000円くらいですから、その手軽さからお客さんが集まるようですが、**あまりにも安すぎるのは、自信のなさの表れ**と考える必要があります。

プロフィールに書かれている「鑑定歴」なども、少し長めに書いているケースが見受けられますから、あまり鵜呑みにはしない方がいいと思います。

占いの結果に違いが出るのは、占い師のスキルの差

日本には明確なガイドラインや基準がないため、占いの結果だけでなく、**その解釈にも、占い師によって大きな違い**が出ます。

きちんと勉強している占い師であれば、西洋占星術やタロット占いの場合でも、それほど大きな解釈の違いは生まれないものですが、付け焼き刃で占い師になる人が増えたことによって、レベルの違いが生じているのです。

西洋占星術の場合でいえば、複雑な理論を勉強する必要があるため、深く習得している占い師が少なく、途中で挫折してしまう人がたくさんいます。

初歩のさわりの部分だけを勉強して、何となくお茶を濁している人もいれば、ヒザの上に解説書を置いて、素知らぬフリを装って鑑定している人もいます。

実際、私のところには、占いの学校は卒業したものの、相談者を目の前にしたら、どう占っていいのかわからなくなり、**「実践的なことを教えてほしい」**と指導を申し出てきた人が何人もいます。

占い師は、人の人生を左右することもありますから、確かな技術と経験があり、相談者と真摯に向き合っている占い師を見つけ出すことが大切です。

西洋占星術には、太古の昔から脈々と受け継がれてきた膨大な「知恵」の蓄積があり、人間の営みの「モデルケース」ごとに体系化されています。

その知恵は、個々のケースを具体的に説明するものではなく、**考え抜かれた抽象的な表現となっているため、占い師はそれを詳しく読み解いて相談者に伝えて**います。

その解釈力や抽出力、表現力、伝える力に個人差があるため、同じ西洋占星術に限らずタロット占いであっても、鑑定の結果や解釈に大きな違いが出てしまうのです。

占いに対する批判的な意見として、「**占いはバーナム効果に過ぎない**」というものがありますが、こうした批判が生まれるのも、占い師のスキルの問題が深く関係しているようです。

バーナム効果とは、人間は多くの人に共通することをいわれると、それを「自分のこと」と受け取ってしまう……という行動心理学の用語です。

「あなたには、ナイーブで傷つきやすい一面があります」
「本来は社交的な人ですが、一人の時間を大切にしたいタイプですね」

占い師のこうした発言がヤリ玉に上げられて、「**占いとは、誰にでも当てはまることを言っているにすぎない**」と批判されているのです。

世の中には無難な話でお茶を濁している占い師がたくさんいることは事実ですが、それは占いそのものに問題があるのではなく、「**当たり障りのないことしか伝えられない占い師の能力の問題**」だと考えています。

「本業」にしている占い師はほとんどいない

私は占い師を「本業」として、フルタイムの活動をしていますが、占いだけで生計を維持している占い師は、ごく一握りです。

その大半は、正社員や派遣社員、主婦などをやりながら、アフター5や休日、手の空いた時間を使って占いをしている「**副業占い師**」です。

名前の知られた占い師でも、実際に相談者を鑑定している人は少数です。最初の頃は鑑定をしていても、名前が知られてくると、執筆や占い本の監修、講演、YouTubeなどにシフトしている人が多く、**「相談者を占わない占い師」**になっているケースが多く見受けられます。

意外に感じるかもしれませんが、占い師というのは、精神的にも肉体的にもハードな仕事です。

ホロスコープを読むだけであれば、それほど辛いことはありませんが、私たち占い師が向き合っている相談者の大多数は、深刻な問題を抱えているのが現実です。

- **メンタルが崩壊して、仕事を休職している**
- **職場で厳しいいじめにあっている**
- **仕事と親の介護はどうすれば両立できるか**
- **両親が毒親のため、滅入っている**

ずっと抱えていた悩みを吐露して、「それは大変でしたね」と共感された途端に、抑えていた感情が溢れ出して泣き出す人は毎日一人以上は必ずいます。

泣くことには「カタルシス効果」がありますから、思いきり泣くことによって、苦痛が緩和されたり、安心感が得られることもあります。

そっとティッシュボックスを差し出すのは、いつものことです。

一般的な占いは、30分くらいが主流ですが、私の場合は、「ホロスコープを深く読み込む」→「深刻な悩みにしっかりと向き合う」→「具体的な行動をアドバイスする」→「明確な解決策を提示する」という流れになりますから、**2時間あっても時間が足りないくらいです。**

世界の人口は約80億人とされていますが、80億人がいれば、80億通りの星配置があります。

一人ひとりの星配置が違うように、話す内容や言葉選び、伝え方も、相手によって一人ずつ異なります。

日常的に深刻な悩みと長時間ずっと向き合って解決策を模索していますから、**精神**

的にも、肉体的にも厳しい仕事なのです。

占い師の仕事は「完全実力主義」ですから、相談者がいなければ収入はゼロどころか、場所代や交通費の出費によって、マイナスになることもあります。

精神的、肉体的、経済的に追い込まれるのは、決して珍しいことではありません。いくら占いが好きで、それを本業にしたいと思っていても、現実的にはなかなか難しいのが実情です。

何の資格も必要ないというハードルの低さと、ネット占い師の急増によって、「占い師は儲かる」と勘違いする人が増えているようですが、**簡単に占い師になることはできても、それをやり続けるのは至難の業**です。

簡単な講習を受けただけで占い師になって、相談者が集まらずに、半年くらいで辞めてしまう人はたくさんいます。

実際に相談者が来たとしても、あまりにも切羽詰まっていたり、メンタルを病んでいることもありますから、その対応に疲れ果てて、徐々に占いから撤退してしまう人も少なくありません。

占い師を続けるためには、「占いの知識」や「カウンセリングの技術」、生きるための「哲学」や「行動指針」、「心理学」や「労働事情」などを学び続ける覚悟が必要なだけでなく、何よりも、**「困っている人を助けたい」**という強い気持ちがなければ、自分が逆にメンタルをやられることになります。

最近では、YouTubeなどで、「何月何日までに、これをしないとヤバい！」などと煽っている人もいますが、冷静に見れば、「再生回数を増やして、収入を上げたいだけだな」と気づくはずです。

占いのスキルが低い人ほど、派手なパフォーマンスに走る傾向があります。

素人同然の占いというのは、やはりそれなりですから、最初にそんな占い師に当たってしまったら、二度と行かないことが大切です。

日本の占い師が色眼鏡で見られがちなのは、こうした人たちの言動にも理由がありそうです。

日本の占いにも、最低限の「ガイドライン」が必要

私としては、日本も占いのガイドラインを作る時期に来ていると感じています。

心理カウンセラーや私が取得したキャリアコンサルタントの場合は、資格があるだけでなく、カウンセリングの際のマニュアルも整備されていて、きちんとしたガイドラインが設定されています。

占いも相談者と相対する点では同じですから、いつまでも現状のような「野放し」の状態が続くと、相談者を不安がらせてしまったり、傷つけることが多くなるだけでなく、占い全体のスキルアップが期待できず、相談者離れが起こる可能性があります。

「相談者の幸せ」を第一に考えて、**相談者と誠実に向き合うことを目的とした「最低限のガイドライン」は必要になっている**と思います。

現在では、占い師になろうと思えば、その日から占い師を名乗ることが可能な状態ですが、**大正時代の東京では、占い師になるには警察に届け出て、審査に合格する必要があった**そうです。

当時の東京では、法外な鑑定料を要求したり、鑑定で知り得た秘密を暴露すると脅して大金を請求するような**「悪徳占い師」が横行していた**といいます。

この事態を憂慮した警視庁は、1921年（大正10年）に「占業者取締規則」を警視庁令として発令しています。

この規則では、占業者を「他人の依頼を受け、易、人相、骨相、手相、九星、運勢その他の占法により、将来の吉凶禍福を判断することを業とする者」と定義しており、開業3日前までの届け出を義務づけています。

占業者になるためには、警察の審査を受ける必要があり、①占いの師匠の下で、2年以上の修行をしたことを証明する書類の提出②警察官による証明書に記載された師匠への事情聴取③警察署長による本人審問……をパスしなければ、開業ができなかったといいます。

現在では、日本占術協会などの団体が設立されており、国際的な団体との交流を通じて、認定活動をしようという動きが始まっています。

現時点でも、団体独自や占い師が個人でやっている認定制度はありますが、**占い界**

全体を包括するような新たな制度設計が今後の課題となっています。

占い師は大きく3つの「タイプ」に分かれる

これまでに占いの経験がない人であれば、占い師と聞くと、こんな光景を思い浮かべているかもしれません。

薄暗い部屋の中で、ミステリアスなベールをまとった女性占い師が、水晶玉に手をかざして、何か呪文を唱えている……。

このイメージは、あくまで映画やドラマのステレオタイプな占い師の描き方であって、**現実にはほとんど存在しません。**

一部のコスプレ好きな占い師が、雰囲気を盛り上げるための演出としてやっていることはあるかもしれませんが、老若男女を問わず、ほとんどの占い師は、ごく一般的な服装で鑑定に臨んでいます。

私の場合は、シャツなどの上に軽いジャケットを羽織っています。

私の周りには、占い好きで勉強熱心な占い師がたくさんいますが、派手な格好で相談者にインパクトを与えようとしている人は見当たりません。

占い師は人と接する仕事ですから、**意識するのは清潔感**くらいだと思います。

占い師には、実にさまざまなキャラクターの人がいますが、大別すると、次のような3つのタイプに分かれます。

【タイプ①】「断言」タイプ

自分の占いに絶対の自信とプライドを持っており、結論をズバリと言い切ってしまうタイプです。

「あなたの望んでいる結果には100%なりません」

「今回のプロジェクトは絶対に失敗すると出ています」

占いの知識は豊富でも、**人権や尊厳に対する意識が薄く、人格攻撃やダメ出しばかりの人**もいます。

若い占い師の断定口調には、強い反発を感じる人が多いようですが、貫禄のある年配の占い師による自信満々な鑑定には、多くのファンが集まります。

M気質の相談者には、断定口調が心強く感じられるのかもしれません。

私のところに相談に来た59歳の男性は、20代の頃に手相占いで、「あなたは60歳で死にます」と断言されて、これまでずっと不安を抱え続けてきたといいます。

病院で精密検査を受けても、目立った異常が見つからなかったため、**「来年で60歳になるので、今後の健康運を知りたい」**と駆け込んできたのです。

私は健康面に力点を置いて鑑定し、次のようなアドバイスをしました。

「私生活を表す天体の月に、突発的な変化を表す天体・天王星がダイレクトに来ており、何らかの変革は起こる可能性がありますが、死ぬとまではいい切れません。今までの生活に違和感を感じて何か新しいことを始めるとか、不可抗力的な影響でライフスタイルが変わることが考えられます。もし行き詰まりを感じているならば、**来年は風穴を開ける**ときです。変わることが開運につながります。ポジティブな変化に向かってアクションを起こしてください。**星に使われるのではなく、自分で意識的に星**

を活用することが大切です」

男性はホッと安堵の表情を浮かべていましたが、男性が抱え込んだ心痛を思うと、いたたまれない気持ちになりました。

占いを学べば学ぶほど、**「あなたは60歳で死にます」などと、具体的に言い切れるほどの理論には巡り合えない**ものなのです。

【タイプ②】「説教」タイプ

男女を問わず、ご高齢の占い師に多いのが、占いの結果に自分の主観や思い込みを反映させて説教を始めるタイプです。

このタイプの占い師は、**「結婚」や「恋愛」に関する相談のときに、説教が始まる**ようです。

「なぜ結婚しないの？　年をとる前に結婚するのが普通でしょ？」

「結婚して、家庭に入るのは、女の幸せを手に入れるということですよ。彼が嫌がっているのに、無理して仕事を続ける必要がどこにあるの？」

相談者によっては、パワハラやセクハラと感じる人もいるでしょうが、自分の周囲に結婚しない女性がいなければ、ひと昔前の考え方をアップデートするのは、なかなか難しいようです。

「不倫」の相談になると、火がついてしまう占い師もいます。

「そんなに悩むくらいなら、不倫なんて、今すぐ辞めるべきよ」

地元で評判の「母」と呼ばれる占い師に、「今すぐ別れないと、あなたの家族が病気になるわよ」とガムを噛みながら言われたという極端なケースもあります。

誰にも相談できずに占い師に相談したら、傷口に塩を塗りこむような感じで説教されたのでは、「何のための相談なのか？」と思ってしまうはずです。

現代では、親が子供を叱らなくなっているといいますから、上から目線の説教口調に、**「親のように親身になってアドバイスしてくれている」と**感じる人もいるのかもしれません。

【タイプ③】「カウンセラー」タイプ

相談者の話をじっくりと聞き、鑑定の結果を伝えるだけでなく、悩みごとについても話し合いをするタイプです。

私は、このタイプの占い師に属していると思います。

こちらから一方的に話すのではなく、会話のキャッチボールを通じて、心配ごとを解決したり、どのような心構えが必要かを検討していきます。

相談者と同じ目線で問題の解決や解消を考えますから、**断定的な「一発解答」を求めている人には、戸惑いを感じさせているかもしれません。**

「今回のプロジェクトは失敗しますよ」とは絶対に言わず、「想定外などを表す天王星があなたの仕事を表す水星にハードな角度を取っていますから、想定外の事態が起こる可能性があります。成功に導くための、心構えや行動を具体的にお伝えします」という方向に話が進みます。

どのタイプの占い師を選ぶかは、**自分の「好み」や「相性」の問題**です。

それぞれのタイプに「一長一短」があると思いますが、共通していえるのは、占いには、占い師の「人生観」や「生き方」、「考え方」が色濃く反映されているということです。

鑑定で同じ結果が出たとしても、占い師という「フィルター」を通すことによって、表現や言葉の選び方、言葉尻が異なるため、それを受け取る側のニュアンスにも大きな違いが出ます。

例えるならば、翻訳者の個性によって、外国文学や外国映画の印象がガラリと変わるようなものです。

占いを受ける前に知っておきたい4つの心得

上手に占いを活用するためには、限られた時間を有効に使って、占い師から密度の濃い話を引き出すことが大切です。

相談者が事前に知っておきたい心構えには、次の4つの項目があります。

【心得①】相談内容を整理して、箇条書きにしておく

「自分が何を相談したいのか？」について、具体的な内容を整理して、箇条書きにしておけば、**スムーズに話ができるだけでなく、聞き逃す心配がなくなります。**

深刻な悩みや不安を抱えていると、話があちこちに飛んでしまうのは、仕方がないことです。

仕事や自分の今後のこと、家庭や子供のことなど、たくさんの問題が複雑に絡み合って、どうしたらいいのかわからない……という相談者も珍しくありません。

あれも聞きたい、これも聞きたいと感情が先走ってしまうと、中途半端な状態で他の相談に移ることになり、納得のいく答えが得られなくなります。

私の場合は、限られた時間の中で、できる限り全力で悩みに相談に向き合いたいと考えていますから、**相談者が最も相談したいと思っていることは、一番最初に聞く**ように心がけています。

この相談とこの相談は関連があるから、「これをこう読んでいった方が時間的に効

率がいいな」ということは、常に意識するようにしています。

【心得②】占いの相談は「何でもあり」と考える

相談者と向き合っていると、次のような言葉を口にする人がいます。

「こんな話をしていると、占いではなく、人生相談になっちゃいますね」

「愚痴ばかり言って、ごめんなさいね」

こうした言葉は占い師に対する遠慮だと思いますが、**そんな気遣いは無用**です。

なぜならば、占いとは、そういう場所だからです。

悩みを抱えた相談者の方には、私は必ずこう伝えるようにしています。

「愚痴でも不安でも、モヤモヤはすべてここで吐き出していってくださいね。ここはそのためにあるんですよ」

話すことで気持ちが楽になったり、自分を客観視することで解決の糸口につながるのならば、**人生相談でも愚痴でも大歓迎**と考えています。

「こんなことを聞いたら笑われるかな」などと考える必要はありません。

カウンセリングの世界では、「**話すは放つにつながる**」いわれています。誰にも打ち明けられなかった悩みを話して、共感が得られるだけでも、十分なリラックス効果が得られるものです。

自分から制限を設けるのではなく、どんなことでも遠慮なく口に出してみることが大切です。

【心得③】必要なデータを調べて、簡単なメモにまとめる

西洋占星術や四柱推命では、生年月日や生まれた場所だけでなく、正確な生まれた時刻がわかれば、鑑定の精度を上げることができます。

両親に聞いたり、母子手帳を調べて、**相談前にメモにまとめておく**ことです。

上司や恋人との相性を知りたい場合には、相手の同じデータも必要になります。

相談内容によっては、両親や兄弟のデータを求められますから、事前に把握しておくことが大切です。

【心得④】ノートなどに記録を残して、後で頭の整理をする

占い師によっては、録音を嫌がる人もいますが、ノートにメモ書きすることは、ほとんどの占い師が了承していると思います。

話の内容を忘れたり、後で混乱しないためにも、**「録音してもいいですか？」**とか、**「メモを取ってもいいですか？」**と一声かけて、記録に残しておくといいと思います。

1年後に見直したら、いわれたことが一致していたなどの確認になったり、たまに見直して、自分の頭を整理することにも役立ちます。

私の鑑定では、相当に情報量が多くなるため、7割以上の相談者がメモや録音をしており、メモ用の紙やペン、録音時にはケーブルや電源も貸し出しています。

おわりに

「占いに科学的根拠はあるか？」の議論には意味がない

本文で詳しくお伝えしましたが、西洋占星術に「科学的な根拠がある」というビジョンは、現時点では明確になっていません。

「科学的に証明されていないものなど、信じるに足りない」という考え方も確かに一理あるとは思いますが、私はまったく別の視点から、この議論を見つめています。

「占いは科学か否か？」という議論に、一体どれだけの意味があるのだろうか……と考えているのです。

私たちの日常は、「思考」と「行動」の繰り返しで成り立っていますが、何かを考えたり、実際に行動するときに、**「科学的か否か？」を判断基準にしている人が、どのくらいいる**のでしょうか？

ビジネスで判断に悩んでも、「この進め方は科学的に正しいのか？」というアングルで考える人はいません。

好きな異性との将来に迷っても、「この結婚は科学的に合っているのか？」と考えて結婚を決める人など、滅多にいないと思います。

私たちは、何か問題に直面すると、自分の「知識」や「経験値」、「直観」などを総動員して、問題の解決を図っています。

すべてのことを自分の「主観」で判断していますから、迷路にはまり込んだり、間違うこともあります。

その主観に対して、別の見方を提示したり、新たな選択肢を示すことが、占いの大事な役割です。

その占いが示す見方や選択肢の「妥当性」を議論することには意味がありますが、私たちは日常的に科学を判断基準にしていませんから、そこに科学的根拠があるかどうかを議論しても、あまり意味がないと思っているのです。

私は占い師を職業にしていますが、「占いは科学です」などと言い張るつもりはまったくなく、その必要性も感じていません。

占いには、科学的に解明されている部分もあれば、**未解明な部分もたくさん残されています。**

科学で完璧に解明されていないものを、「占いは科学です」などと強弁することには、やはり無理があると思っています。

それが延々と続いている「科学論争」に対する私の考え方です。

自分の運勢を「選択」するためのツール

この「科学論争」と同じような議論に、**「占いは他力本願だから、頼るべきではない」**というものがあります。

自尊心やプライドが高い人ほど、「自分のことは自分で決める」と考えて、占いを敬遠する傾向があるようです。

そうした人たちは、物事をどのように自分で判断しているのでしょうか?

何か重大な決断をする際には、周囲の人に意見を求めたり、経験者に話を聞いたり、ネットで関連事項を検索するなど、あらゆる方法で判断材料を集めることによって、最終的な判断をしていると思います。

占いを活用するというのは、**基本的には、他の人に意見を聞くことと同じですが、入手できる情報量には圧倒的な違い**があります。

西洋占星術でいえば、太古の昔から脈々と受け継がれてきた人間の営みに関する膨大なデータが蓄積されていますから、「知恵の宝庫」といえます。

たくさんの叡智《えいち》がギッシリと詰まっているため、誰か一人の意見を聞くよりも、遥かに多くの情報を手に入れることができるのです。

仕事ができるビジネスパーソンが、占いに着目する理由はここにあります。

周囲の人の意見に頼るよりも、占いを使って有益な情報にアクセスした方が、**素早く合理的な判断ができると考えている**のです。

占いを他力本願と考える人は、「**自分の人生を他人に左右されたくない**」と思っているようですが、その考え方は少し見当違いをしているようです。

占いで示される答えは、自分が置かれている状況に対する「アドバイス」であり、この先の人生や運勢の「結論」を提示しているわけではありません。

相談者は、占いで得られたアドバイスを判断材料にして、「この先、どのように考えて、どう行動していけばいいのか？」を自分自身で模索することになります。

占いとは、**運勢を「判断」するものではなく、運勢を「選択」するためのツール**……と考えていただきたいと思います。

未来は自分で選択するものであり、人生は自分自身が決めることです。

占いとは、**人生の選択の幅を広げて、その実現の可能性を高めるための「道具」**と考える必要があります。

占いが示す自分の未来が、納得のいくものであるならば、すんなりと受け入れることができますが、不本意と感じるならば、それを拒絶して、そうならないための対策を占い師と共に一緒に考え始めればいいのです。

占いは、「これからの自分にとって最良の選択は何か？」の指針を示しているだけですから、**意に沿わない結論を一方的に押し付けるようなものではない**のです。

占いは「ポジティブな気持ち」を手に入れるための手段

世の中には数多くの占いが存在していますが、そのすべてに共通するのは、「**現状を変えれば、未来を変えることができる**」という考え方です。

占いとは、今現在の生き方や考え方を「点検」するためのきっかけ作りであり、「明日を明るく生きるためには、どうすればいいのか？」を模索するための参考にしていただくことが、私の考える理想的な占いの活用法です。

逆の見方をすれば、最も望ましくないのは、占いが示す答えに振り回されて、必要以上に一喜一憂することです。

占いは、「使う」ものであり、「使われる」ものではありません。

占いの一番の目的は、「前向きに考えるモチベーション」を手に入れることですから、それを妨げるような占いに出合ったら、断固として拒否する気持ちを持っておくことが大切です。

占いの世界には、「**占いとは、セレンディピティである**」という考え方があります。

セレンディピティとは、「何かを探しているときに、自分が探していたものとは別の価値あるものに出合って、幸運をつかみ取る」という意味です。

占いでは、自分の先入観や思い込みによって悩んだり、不安に感じていたことが、**自分では思いもしなかったアングルの選択肢を示されることで、一気に解消に向かう**……ということも珍しくありません。

私の場合は、カウンセリングの技法でもある「**リフレーミング**」を意識した鑑定を心がけています。

リフレーミングとは、「**物事を別の枠組みで捉え直す**」という思考方法です。

ネガティブな考えや短所、欠点であっても、別のアングルから見ることによって、長所や利点と捉えることができます。

日常的にリフレーミングの考え方を取り入れることができれば、毎日の生活で感じている不満やストレスを軽減させることに役立つのです。

占いとは、自分自身を冷静に見つめ直すことを通じて、新たな可能性を発見し、ポジティブな気持ちを手に入れるための手段です。

この本を通じて、多くの方が占いに対する偏見を見直して、その「持ち味」を存分に活かしてくれることを願っています。

【参考文献】

『占い大百科』(ラカン)
『「占い」の不思議──知りたかった博学知識』(博学こだわり倶楽部/河出書房新社)
『完全マスター 西洋占星術』(松村潔/説話社)
『新・タロット図解』(アーサー・エドワード・ウェイト/魔女の家BOOKS)
『辞典・占星学入門』(石川源晃/平河出版社)
『スティーブ・ジョブズI』(ウォルター・アイザックリン/講談社)
『スティーブ・ジョブズII』(ウォルター・アイザックリン/講談社)
『Stargazerで体験するパソコン占星学』(小曽根秋男/技術評論社)
『成功する人は、なぜ、占いをするのか?』(千田琢哉/総合法令出版)
『占術 命・卜・相』(高平鳴海監修、占術隊著/新紀元社)
『占星術の本(ムック)』(学研プラス)
『誰も教えてくれない「占い師」の始め方・儲け方』(李水明/ぱる出版)
『ビジネスパーソンのための易経入門』(岡本史郎/朝日新聞出版)
『ボイド占星学』(石川源晃/講談社)
『ホロスコープ・メッセージ』(松村潔/ベストセラーズ)
『マーフィーの易占い』(ジョセフ・マーフィー/産業能率大学出版部)

カバーデザイン
金澤浩二

本文デザイン・DTP
鳥越浩太郎

カバー・本文イラスト
タカセマサヒロ

編集協力
関口雅之

［著者略歴］

早矢（はや）

占い師／西洋占術実践研究家／キャリアコンサルタント。

占い師として活動する傍ら、法政大学キャリアデザイン学部で「キャリアデザイン・キャリアカウンセリング」を学んだ後、国家資格のキャリアコンサルタントを取得。コンサルタントの知見と西洋占星術、タロットの技能を融合させた独自の鑑定を実践する。これまで鑑定した人数は2万2000人超。

「やさしく懇切丁寧にとことんサポートする」をモットーに、「占いカウンセリングサロン インスパイア吉祥寺」を主宰。TV・新聞・雑誌・WEB等メディア出演・連載多数。著書に『パワーストーン事典』（マイナビ文庫）がある。産経学園にて西洋占星術・タロット専任講師を務める。YouTube公式サイト「早矢の占いチャンネル」更新中。

世界《せかい》のビジネスエリートが身《み》につける教養《きょうよう》としての占《うらな》い

2023年9月11日　初版発行

著　者　　早矢

発行者　　小早川幸一郎

発　行　　株式会社クロスメディア・パブリッシング
〒151-0051 東京都渋谷区千駄ヶ谷4-20-3 東栄神宮外苑ビル
https://www.cm-publishing.co.jp
◎本の内容に関するお問い合わせ先：TEL（03）5413-3140／FAX（03）5413-3141

発　売　　株式会社インプレス
〒101-0051 東京都千代田区神田神保町一丁目105番地
◎乱丁本・落丁本などのお問い合わせ先：FAX（03）6837-5023
service@impress.co.jp
※古書店で購入されたものについてはお取り替えできません

印刷・製本　　株式会社シナノ

ISBN978-4-295-40868-0　C2034